JN245692

子ども主体ではじめよう！
学校全体で取り組む
多層型
SST
ソーシャルスキルトレーニング
気になる子が複数いる学級・学校が変わる
野口晃菜・半田 健・新川広樹 編著

中央法規

はじめに

対人関係で困っている子どもにはSST？

2007年に特殊教育から特別支援教育へと移行し、まだ間もないときに、私は小学校で非常勤講師として働いていました。

そこで出会ったAさんは、小学校6年生で、ADHDの診断がありました。Aさんは、学校で疑問をもつと先生に質問をし続けることがよくありました。たとえば、運動会はなぜあるのか。なぜ覚えている漢字を何度も書かなければならないのか。その姿を見た担任の先生は、「Aさんは空気を読めない質問ばかりして我慢ができない。ソーシャルスキルトレーニング（以下SST）が必要なのではないか」と言いました。私は当時、「納得できないことを質問できるのはAさんの素敵なところではないのかな。我慢することが本当に必要なのかな。聞くタイミングや聞く方法の練習は必要かもしれないけれど……」と思い、モヤモヤした気持ちになりました。

私は現在、園や学校を訪問し助言をする仕事をしていますが、10年以上経った今でも同じモヤモヤに出会います。集団の中で、少しでも他の子と異なる行動をする子に対して、**なぜその行動をするのか、どこまで他の子と同じ行動をする必要があるのか、園や学校で今「正しい行動」とされている行動は本当に「正しい行動」なのか**、などを検討せず、すぐに「この子にはSSTが必要」と判断され、実施されることが多いのです。

さらに、SSTが実施されるにあたって、本人の意向が聞かれることはほとんどありません。本人にとってそのスキルを学び、遂行する意味や目的が伝わらないまま、SSTが実施され、その後その子がスキルを遂行できないと、「SSTを実施したのにできるようにならない」と、さらにその子を追い込んでしまうことも少なくありません。

SSTをアップデートする

前述のような問題点は、子どもを取り巻く大人たちがこれまで学校で「正しい」とされてきた規範に基づく行動を再検討する機会や時間がないことが背景にあるでしょう。

また、とりわけ特別支援教育の対象となっている子どもの対人関係の困難さについては、「その子のスキル不足にある」ととらえられることが当たり前になっています。しかし、**対人関係における困難さの要因は、その子のみでなく、その子とその子を取り巻く環境との相互作用の中にある**のではないでしょうか。そのため、ソーシャルスキルを学ぶ対象は一部の子どものみではなく、すべての子どもたち、そして大人たちなのではないでしょうか。自分とは異なる他者とどのようにして「よい」関係性を構築できるのか。**どちらかが一方に合わせるのではなく、お互いに折り合いをつけていく**、そのようなスキルこそ、私たちが共生するうえで必要なソーシャルスキルなのではないでしょうか。そのためには、大人にとって都合のよいソーシャルスキルを押しつけるSSTから、子どもたちを主体としたSSTへとアップデートをする必要があります。

本書の目的

本書では、まず第1章においてSSTを実施する際に陥りやすい罠を紹介し、SSTは誰のためにあるのか、障害のある子どもも含めた多様な子どもたちがともに学ぶインクルーシブ教育時代におけるSSTはどうあるべきなのか、を整理します。そのうえで、第2章においては障害のある子どもも含めた通常の学級におけるSSTのあり方、第3章では小集団に対するSSTのあり方を確認します。第4章と第5章では、実際の学校現場におけるSST導入・実践の具体例を紹介します。

本書を通して、今実施しているSSTを再考し、アップデートしてみましょう。

編著者代表　野口晃菜

Contents

第5章 特色のあるSSTの実践事例

第1章

大人都合のSSTから子ども主体のSSTへ

Introduction

いまや日本全国、どの学校を見渡しても、通級や特別支援学級でSSTを実施していない学校はないのでは？　というほど、SSTの実践は学校に広がっています。多くの学校において、「対人面に困難さがある子どもに対してはSSTを実施する」ことが当たり前になっているのではないでしょうか。特に「対人面に課題がある」とされる、発達障害のある子どもに対しては、学校のみでなく、放課後等デイサービスや就労支援施設でもSSTの実施を通してソーシャルスキルを学ぶことがスタンダードになっています。

ソーシャルスキルの定義には統一されたものはありませんが、主に「対人関係をスムーズにするための具体的な知識と技術」のことを指しています。SSTの第一人者である相川充さんは、ソーシャルスキルを「人付き合いのための技術」とも説明しています（相川，2016）。かなり幅広い概念で、膨大な量のスキルを表す概念です。家族、友人、職場関係者など、常に私たちの生活には人づき合いがあり、毎日「ソーシャルスキル」を使って生活をしているといえます。そして、私たちはひとりでは生きていけないので、生きていくうえでソーシャルスキルは確実に必要といえるでしょう。ソーシャルスキルは意図的にも意図的ではなくてもすでに学校で子どもたちが学んでいるスキルもあれば、学ぶ機会が少ないスキルも含まれています。

ところで、みなさんが子どもにSSTを実施する理由には、「子ども

たちが他者とスムーズなやりとりをできるようにするため」「子どもたちが大人になってから困らないため」「子どもたちの問題行動を未然に防ぐため」などがあると思います。もっというと、「子どもたちが今と将来を幸せに生きるため」にSSTを実施しているのではないでしょうか。

しかし、子どもたちの今と将来の幸せのために学校において実施しているSSTには、いくつかの「罠」があると私は思っています。この罠にひっかかると、よかれと思って実施しているSSTなのに、逆に子どもの状態があまりよくない状態になってしまうことがあります。

この章では「SSTの罠」について解説をし、ダイバーシティとインクルージョンの時代における「共生の技法」としてのSSTへのアップデートを提案します。

1 SST実施の際に陥りやすい3つの罠

1 罠その①　マジョリティにとっての「ふつう」を押しつけていないか？

みなさんは、どんなことがあったときに「この子にはSSTが必要だ」と判断しますか？　たとえば、対人トラブルが絶えない、集団に適応することができない……などがよくあげられます。

具体的な事例をもとに考えてみましょう。

❶自分の関心を優先するモリさん

ASDの診断のある小学5年生のモリさん。モリさんは興味があるものが限定的というASDの特性があります。給食の時間、モリさんの班のみんなで好きなアニメの話で盛り上がっていました。「モリさんはどんなアニメが好き？」と向かいに座っている子が聞きますが、モリさんは「好きなアニメはない。アニメはつまんないよ」と言い、特に表情を変えず、ひとりで黙々と給食を食べています。そのような場面が学校生活でよく見られ、周りの子どもたちは「モリさんに話しかけても答えてくれないからつまらない」と言い、モリさんに話しかけるのをだんだんやめるようになりました。このような状況に対して、先生は「モリさんは集団に適応できない」と考え、このままだといじめに発展するかもしれないし、モリさんがこれ以上クラスで孤立しないために、SSTが必要なのではないか、と思いました。周りとうまくやっていくために、興味がないことであっても、ほかの子と話を合わせたり、質問をしたりする練習が必要だと思ったのです。

集団の中でこのように周りの子とのやりとりが少なかったり、ひとりだけ別の行動をしている子どもがいたとき、そしてその子に発達障害の診断がある場合はなおさら、その子自身に「対人関係を築くにあたり課題がある」として、「SSTをしたほうがよい」と判断がされることが多いのではないでしょうか。

②障害の社会モデルとソーシャルスキル

モリさんのケースを、「障害の個人モデル」と「障害の社会モデル」の二つのとらえ方で見てみましょう。障害の個人モデルとは、障害にまつわる困難さがあったときに、その困難さの要因はその人の障害特性そのものにあると考え、障害特性を目立たなくしたり、改善したりするアプローチをするとらえ方です。一方で、**障害の社会モデル**とは、障害にまつわる困難さがあったときに、その困難さの要因は、**今の社会がさまざまな障害のある人がいることを前提にしていないつくりになっていることにある**、というとらえ方です。社会モデルでは、さまざまな障害のある人がいることを前提に、今の社会のつくり自体を変えていくアプローチをします。

モリさんのケースを個人モデルでとらえると、モリさんがクラスの子たちに話を合わせることが難しいのは、モリさんに「周りに合わせる」というソーシャルスキルがないからととらえ、モリさん自身が「周りに合わせる」ためのソーシャルスキルを習得するためのアプローチをします。今学校でよく行われているSSTです。具体的には、SSTではモリさんにとって興味がない話題であっても、周りの子どもに話を合わせる練習をしたり、質問をしたりする練習をします。

一方で、社会モデルでモリさんの状況をとらえてみるとどうなるでしょうか。自閉スペクトラム症の特性について、児童精神科医の本田秀夫氏は、「臨機応変な対人関係が苦手で、自分の関心、やり方、ペースの維持を最優先させたいという本能的志向が強いこと」と説明しています（本田, 2013）。もしかしたら、モリさんは「自分の関心を最優先したい志向」が強いために、たとえ周りの人とよい関係性を維持するためであっても、周りに合わせることが苦であるかもしれません。しかし、**今の社会は、モリさんのように「自分の関心を最優先したい」「たとえそれが他者とのよい関係性の維持のためであっても、自分の関心よりも周りの関心を優先することは苦である」という特性のある人は少数派（マイノリティ）で、「自分にとって関心がないことであっても、周りの話題に合わせることを特に苦に感じない」という人のほうが多数派（マジョリティ）なのではないでしょうか。**今の社会が、自分の関心を最優先にしたい特性をもっている人を中心につくられている社会だったら、モリさんは逆に「ふつう」になり、「周りに合わせる」ためのSSTは不要になるのではないでしょうか。

たまたまその社会におけるマジョリティにとって心地よかったり、苦ではない、当たり前である「ふつう」のソーシャルスキルが、あるマイノリティにとって苦であったり、当たり前ではない場合、それはマイノリティにとっての「欠陥」と見られがちです。その結果、**マジョリティにとっての「正しい」ソーシャルスキルを実践することを無自覚に押し付けてしまうことになります。これが一つ目の罠です。**

③「正しい」「ふつう」のソーシャルスキルは文化や文脈によって異なる

筆者（野口）は小学6年生まで日本の学校に通い、その後、父の転勤により家族でアメリカに引っ越し、小６の途中から高校３年生まで７年間、現地の学校に通いました。私がアメリカで求められたソーシャルスキルは日本とは異なるものがたくさんありました。

たとえば、私が通っていた日本の学校では、当時、授業中はとにかく座って先生の話を聞くことが求められました。先生の話をさえぎって自分の意見を言うなんて言語道断でした。一方で、アメリカでも同じように座って先生の話を聞いていたら、「今日も授業中に何も意見を言わなかったね」と指摘されました。先生が話している最中にも子どもたちはばんばん手を上げて質問や意見をすることがよいこととされていました。このように、私の経験では、日本だと自分の率直な意見を伝えることはあまり求められてこなかったけれど、アメリカだと率直に意見を伝えることが求められました。

あいづちのタイミングが国によって異なることを示した研究があります。この研究によると、日本人はアメリカ人の２倍近く多くあいづちをうつそうです（メイナード，1993）。あまりあいづちを打たない子どもは、日本だと「ちゃんと話を聞いていない」ととらえられるかもしれませんが、アメリカでは、逆に「私の話を邪魔せずにちゃんと話を聞いている」ととらえられるかもしれません。つまり、**「対人関係をスムーズにするためのソーシャルスキル」は国によって異なる**ということです。

そのほかにも、日本では何かを相手にお願いするときに、その人にお願いしようと思ったいきさつを丁寧に伝えたり、申し訳ない気持ちを伝えた

ほうが相手との関係性がスムーズになるため、アメリカでもそのように丁寧に伝えたところ、「はっきり言って！」と相手を怒らせてしまった経験があります。さらに、アメリカでは、ほめられたら「ありがとう」と伝えたほうがよいけれど、日本だと「そんなことない」と謙遜をしたほうがよい、など……。

このように、**対人関係をスムーズにするためのソーシャルスキルは文化や文脈によって変わります。その国における「マジョリティ」にとって、たまたま当たり前になっているソーシャルスキルが「正しい」「ふつう」と判断されます。**

❹マジョリティにとっての「ふつう」で「正しい」ソーシャルスキルを押しつけることの弊害

マジョリティである白人・英語が母国語である人を中心としたアメリカ社会において、私は日本人であることに劣等感をもち、なるべく「アメリカ人」のようにふるまえるように努力をしました。つまり、アメリカ社会ではマジョリティである「白人」「英語が母国語の人」が「ふつう」であるため、「ふつう」であるように頑張りました。しかし、当たり前ですが、どんなに頑張っても同じようにはなれません。

いま振り返ると、私が日本人であることに劣等感を抱いていたのは、アメリカでは日本人を含むアジア人が「いないこと」にされていたり、「あなたは私たちとは違う」「アジア人は日本人でも中国人でもみんな一緒」というメッセージを日常的に受け続けてきたからでした。たとえば、第二次世界大戦についてペア学習をするときには、「あきなは日本人だからペアになりたくない」と言われたり、「アジア人はみんな数学が得意なのにあきなはなぜ得意じゃないのか」などの発言を日常的に受けたりしていました。このように白人・英語が母国語である人を中心とした社会において、白人中心・英語中心社会を内面化した言動を受け続けた経験やそのような環境が、私に劣等感を抱かせたのです。

「アメリカ人らしく」ふるまうことで、友だちができたり、学校で評価されたりしました。一方で、「アメリカ人らしく」ふるまうことは、私にとっては疲れることでした。

逆に、同じ日本人ばかりの集団で、いわゆる「アメリカ人らしく」ふるまわなくてもよい環境や、多様な人種の人たちの中で「ふつう」を強要されることのない場面では、劣等感を抱くことはありませんでした。

自閉スペクトラム症の人が自閉スペクトラム症の特性を隠し、非自閉スペクトラム症である人らしくふるまうことは「社会的カモフラージュ」と呼ばれています。自閉スペクトラム症の人がこの社会的カモフラージュをすることは、社会的には孤立しなくなる、行動が目立たなくなる、など「周りから見たときに適応しているように見える」一方で、心理的には本人に負担がかかる、といわれています（Hull et al., 2017）。つまり、社会的カモフラージュによって、いじめを避けたり、友人を得たりすることにはつながるけれど、抑うつや疲労を引き起こすということです。

マジョリティにとっての「ふつう」であるソーシャルスキルをよかれと思ってマイノリティである子どもに「トレーニング」することは、社会的カモフラージュを促すことにつながる可能性があります。もちろん、社会的に適応するために、社会的カモフラージュをせざるを得ない場面も多くあるでしょう。**一方で、「社会的カモフラージュ」を促す弊害、つまりそれが子どもたちにとって心理的に多くの負担となることについて、私たちは認識しておかなければなりません。**

⑤自分の立ち位置を踏まえておく

私も含め、子どもにかかわる多くの人は、日本におけるマジョリティのソーシャルスキルを「ふつう」や「正しい」ととらえています。それは、それが「正しい」「ふつう」であると学校や家庭、メディアなどを通じて学んできたからです。その「正しい」や「ふつう」を苦に感じた経験や「正しい」や「ふつう」を疑った経験がないマジョリティの人ほど、**自分が思う「ふつう」と異なる行動をしている子どもを見ると、どうしても「この子はふつうじゃない」「ソーシャルスキルが必要だ」と自動的に思ってしまいます。**

そもそも国や文化によって「正しい」「ふつう」のソーシャルスキルが異なることや、無自覚のうちに自分にとっての「ふつう」で「正しい」ソーシャルスキルを押しつけてしまうことには弊害があることを認識しておくことが大切です。

「この子はふつうじゃない」「この子には『正しい』ソーシャルスキルが必要だ」と思いSSTを実施することや、そのような思いをもちながら子どもとかかわることは、**「あなたはふつうではないからトレーニングが必要である」「あなたは周りと比べて劣っている」というメッセージを暗に伝えてしまっている可能性があります。あなたにとっての「ふつう」と子どもにとっての「ふつう」はちがうこと、そして、それは優劣ではなく、「ちがい」であることを認識したうえで、その子が学ぶべきソーシャルスキルは何かを検討することが大切です。**

2 罠その② 本人の意見が置き去りになっていないか？

SSTを実施する際、多くの支援者が子どもにとってこのスキルは必要がありそうだな、と思うスキルを選定して実施しています。**SSTを実施する際に、習得を目指す具体的なソーシャルスキルのことを「標的スキル」と呼びます。**上述のとおり、**マジョリティである先生が選定する標的スキルはマジョリティにとっての「ふつう」に合わせるためのスキルに偏りがちです。**たとえば、先ほどのモリさんの事例だと、先生が選定する標的スキルは「興味をもっていると思ってもらうためのあいづちの打ち方」「友だちへの質問の仕方」などになる可能性が高いでしょう。

しかし、ここでいつも置き去りになりがちなのは、モリさん自身がこの状況をどうとらえているのか、そして、どうしたいと思っているのか、ということです。はたから見ると、モリさん自身は困っていないようにも見えるかもしれません。まさにこれが二つ目の罠です。

SSTを実施する際、本人の意思や意見が置き去りにされていないでしょうか？　大人にとって都合のよいSSTから、子ども主体のSSTへのアップデートが必要です。

❶自分の意見を伝えるスキルが軽視されていないか

ソーシャルスキルには、自らの意思や意見を表明するというスキルもあります。一方で、たとえば自閉スペクトラム症児へのSSTの研究動向を調べた文献では、SSTの標的スキルとして選定されているスキルは「あたたかい言葉かけ」で、その次に「上手な話の聞き方」が選定されている、ということが報告されています（半田，2019）。私が実際に学校でよく目にするSSTも、自分のことを表現することよりも、他者に対するあたたかい言葉かけや、他者の話を聞くことが標的スキルとして選定されることが多いです。もちろんこのようなスキルも大切ですが、自分の意見や意思を伝えることもとても大切です。

標的スキルとしての「自らの意思を伝えるスキル」があまり重要視されていないとともに、そもそもSSTを実施することに対して、**子ども自身からの意見を聞く機会そのものがあまり設定されていないのではないでしょうか。**

❷障害のある子どもの意見表明権

日本が2014年に批准した障害者の権利に関する条約（障害者権利条約）第７条第３項には、障害のある子どもの意見表明権について、以下のように記載されています。

障害者権利条約第7条第3項

3　締約国は、障害のある児童が、自己に影響を及ぼす全ての事項について自由に自己の意見を表明する権利並びにこの権利を実現するための障害及び年齢に適した支援を提供される権利を有することを確保する。この場合において、障害のある児童の意見は、他の児童との平等を基礎として、その児童の年齢及び成熟度に従って相応に考慮されるものとする。

子どもにかかわる事柄について、子どもの意見を聞かずにすべて大人が決めてしまうことは、子どもの権利を尊重しているとはいえません。障害のある子どもの場合、なおさら意見が聞かれづらいです。その子の発達段階や障害特性に合わせて、その子が自らの意見を表明するための支援をすることが大切であるにもかかわらず、**年齢や障害の程度によって、その子には意思や意見がない、聞いてもわからない、と判断されてしまう**こともあります。

SSTの実施そのものや、標的スキルについて、その子自身の意見が尊重されることは、その子の権利です。そもそも、その子自身は何に困っているのか、なぜSSTが必要なのか、について、その子の発達段階や障害特性に合わせて聞いたり、伝えたりする機会をつくりましょう。もし本人が困っていなくても、周りが困っているのであれば、なぜ周りが困っているのかを本人にわかるように伝え、それについて本人がどう思っているのか、なども聞いてみましょう。

モリさんのケースで考えてみると、モリさんにとっての「ふつう」は、興味がないことには「興味がない」と伝えることであり、周りに合わせることはあまり重要でないことがうかがえます。しかし、周りの子にとっての「ふつう」は「興味がない場合でも、ある程度相手に話を合わせること」であるため、モリさんは周りの子どもたちから避けられるようになってしまっている状況です。そもそもモリさんは、周りの子どもたちから避けられていることに対してどう思っているのでしょうか。モリさん自身は、「なぜかわからないけれど避けられている」という心境かもしれませんし、「学校では特に友だちをつくらなくてもよい、だから避けられてもよい」という心境かもしれません。

まずは、**罠その①**で確認したように、**モリさんにとっての「ふつう」と周りの子にとっての「ふつう」が異なること、それは「優劣」ではなく「ちがい」であるということを、モリさんにわかりやすく説明する**必要があります。モリさんの発達段階や特性に合わせて、言葉以外に絵や写真を使うことも大切です。そのうえで、モリさん自身が周りの子たちとどういう関係でいたいかを聞く必要があります。

意見を聞く際の注意点は、**罠その①**で伝えたような、**支援者自身が自分にとっての「ふつう」とモリさんにとっての「ふつう」が異なる、ということを認識**しておくことです。支援者自身が「学校のクラスメイトとは仲良くする必要がある」というマジョリティ中心の考えに何ら疑いをもっていないとすると、モリさんにも暗に「みんなと仲良くするべきだ、そのためにマジョリティに合わせるべきだ」ということを伝えることになります。そもそも、たまたま同じ地域で同じ学年で同じクラスになった人たちと、お互い同じ教室で心地よくすごすことができれば、全員と仲良くする必要性はないです。一方で、モリさんの「好きなアニメはない、アニメはつまらないよ」という伝え方は、意図的でない形で周りを不快に思わせてしまっている可能性があります。「周りに避けられてもよい」と本人が思っている場合であっても、相手に合わせる必要はないものの、相手を不快に思わせずに自分の考えを伝える方法を知っておいたほうがよいかもしれません。

また、もしかしたらモリさん自身が、「周りに合わせる方法を知りたい」と言うかもしれません。その場合は、「社会的カモフラージュ」についてふれた箇所（p.8）で説明したとおり、本人にとって心理的な負担が強くなる可能性もあります。周りに合わせることで疲れてしまうかもしれないこと、その場合は「自分が疲れていることにどうやって気付くか」や「疲れたと気付いたときに、どうすれば楽になれるか」を一緒に考えるなど、負担への対処法もあわせて検討できるとよいでしょう。

子どもの意見を聞く、ということは、意見を聞いてそのとおりにする、ということではなく、子どもの意見を聞いたうえで子どもの最善の利益を踏まえてどうするかを決めることが大切です。そのため、子どもの意見がその子にとって最善の利益ではないと思われる場合、なぜそう思うのか、あなたの意見も伝えたうえで、一緒にどうするかを決めましょう。

③ソーシャルスキルと合理的配慮

日本では2016（平成28）年に障害を理由とする差別の解消の推進に関する法律（障害者差別解消法）が施行されました。この法律においては、障害を理由に差別をしてはいけない、ということと、障害のある人への合理的配慮を提供することが義務づけられています。

合理的配慮は上述した「社会モデル」の考え方に基づいています。障害のない人を中心とした社会であるが故に生じている障害のある人にとっての障壁（社会的障壁）を解消するための仕組みが「合理的配慮」です。たとえば、車椅子ユーザーがいることを前提としていない建物や、視覚障害のある人がいることを前提としていない商品などの物理的な障壁、口頭でのコミュニケーションをとることができる人ばかりではなく、手話や視覚的な情報でしかコミュニケーションをとることができない人がいることが前提になっていない慣行や文化の障壁などがあります。学校においても、多様な子どもがいることが前提となっていないために生じている障壁がたくさんあります。たとえば、音読をしたり、ノートに板書を写したりすることを中心に設計されている授業においては、書字障害のある子どもにとっての障壁があります。このような障壁を解消するために、学校は合理的配慮を提供する必要があります。

合理的配慮の土台には、障害のある人の意見表明権があります。つまり、障害当事者である本人、あるいは保護者から「こういう障壁があるからそれを解消してほしい」という意見表明があった際に、提供をする側である学校と、本人・保護者間での対話を通して、どんな合理的配慮を実施するかを決定します。合理的配慮は在学中のみでなく、受験時、就職時にも提供されますし、生活をするなかで障壁が生じているときは、どこでも提供されるべきものです。

本人からの意思表明がない場合であっても、学校の先生から提案することもできます。一方で、勝手によかれと思って本人や保護者と話し合いをせずに実施する配慮は、合理的配慮ではありません。つまり、合理的配慮は障害当事者自身の意見表明や当事者との合意形成を前提としている制度なのです。

障害のある当事者の意見は、これまであまり聞かれてきませんでした。上述のとおり、子どもで障害があったら、なおさら意見は聞かれません。だからこそ、合理的配慮の提供においては、本人の意見を大切にしています。**義務教育段階で、その子自身が自分に必要な合理的配慮を知り、意見表明の方法を知る機会、そして意見表明の経験をしてみる必要があります。**

SSTにおける標的スキルは、他者を思いやるためのスキルに焦点が当てられやすいですが、合理的配慮を受ける権利の行使という観点においても、本人が意見を伝えるためのスキルを扱うことが大切です。

3 罠その③　そのスキルが必要なのって、一部の子だけ？

罠その②では、SSTの実施にあたり、子どもの意見が聞き入れられていないという問題点、さらに、SSTで扱われる標的スキルとしても子どもの意見表明スキルを扱う大切さについてお伝えしました。それでは意見表明スキルが必要なのは、一部の子どもだけなのでしょうか。

子どもの権利条約における「子どもの意見表明権」

罠その②では障害のある子どもの意見表明権について伝えましたが、そもそも日本が障害者権利条約を批准するはるか前である1994（平成6）年に批准した「子どもの権利条約」第12条においては、子どもの意見表明権を保障すべきとあります。

障害のある子どもの意見表明権の土台には、子ども全般の意見表明権があります。よく学校において障害のある子どもへの合理的配慮を進めていく際に、「他の子がずるいといったらどうするか」といった質問をもらうことがあります。「ずるい」という言葉はなぜ出てくるのでしょうか。

「ずるい」の背景には、そもそも障害のない子どもであっても、自分にかかわる事柄について、意見表明をする権利があるにもかかわらず、その権利が保障されていない、ということがあると考えます。たとえば、授業の学び方一つとっても、「自分はこうやって学びたい」「自分はこのような環境のほうが集中できる」と意見を表明したり、運動会などの行事についても、「こういう競技がやりたい」などの意見表明をしたりする機会はあまりなく、大人が決めた枠組みに子どもが合わせることが前提となっています。

そもそも意見を表明する機会がなければ、自らの意見を表明するスキルは発揮されません。意見表明の機会があってはじめてそのスキルが発揮されます。そして、この意見表明スキルが必要なのは、障害のある子どものみでなく、すべての子どもではないでしょうか。

4 「共生の技法」を学ぶためのSSTへのアップデート

もしSSTが「現在のマジョリティにとってのソーシャルスキルを学ぶこと」を目的とするのであれば、SSTが必要な子どもは一部の子どもだけになるでしょう。しかし、そもそも私たちがSSTを実施する目的は子どもたちの幸せのためであること、そして今後の社会のあり方を踏まえると、一部の子どもがマジョリティにとってのソーシャルスキルを学ぶことよりも、**すべての子どもが、多様な「ふつう」があることを踏まえたうえで、**

自分とは異なる多様な人たちと共存・共生するためのソーシャルスキルを学ぶ必要があるのではないでしょうか。

そのための二つのキーワードは「インクルーシブ教育」と「協働的な学び」です。

日本は従来から障害のある子どもと障害のない子どもが別々の場で学ぶ形で教育システムを構築してきましたが、現在、前述した障害者権利条約への批准を踏まえて、障害のある子どもと障害のない子どもがともに学ぶインクルーシブ教育システムの構築を目指しています。障害のある子どもが障害のない子どもと、障害のない子どもを中心とした教室にただ一緒にいることだけでは、インクルーシブとはいえません。つまり、障害のある子どもがいることを前提として、通常の学級における授業のあり方や学級づくりをアップデートしていく必要があります。そして、障害のある子どもが障害のない子どもを中心としてつくられた学校に適応するのではなく、障害のある子どももない子どもも、「ふつう」が異なる他者とどのようにして共存・共生するかを学ぶ必要があります。

2017（平成29）年から2019（令和元）年にかけて改訂された学習指導要領においては、今後の教育のあり方として「個別最適な学びと協働的な学び」が中心に据えられています。「協働的な学び」とは、異なる価値観を有する他者と対話を通じて納得解を得ていくことです。障害のある子どものみでなく、ありとあらゆるマイノリティの子どもも含めた**すべての子どもたちが、異なる価値観や背景をもつ多様な他者と対話を繰り返していくことを通じて共存する経験は、学校でしか得られないのではないでしょうか。**

さらに、障害者差別解消法や障害者の雇用の促進等に関する法律（障害者雇用促進法）により、合理的配慮が全面的に義務づけられることになりました。障害者雇用率は年々増加しています。つまり、将来障害のない子どもたちが会社に勤めるとき、同僚に障害のある人は必ずいます。そして顧客にもいます。子どもたちは将来、合理的配慮を提供する側にもなります。私は企業に呼ばれ今の大人たちにダイバーシティとインクルージョンの研修をよくしていますが、誰もが口をそろえて「障害のある人と接したことがないからどうしたらよいかわからない」と言います。**私たちは子どもたちから、多様な人たちとともに心地よくすごすための方法を学ぶ機会を奪ってしまっていないでしょうか。**

インクルーシブ教育と協働的な学びの時代、さらに、ダイバーシティとインクルージョンの時代においては、「一部の子どもを対象としたマジョリティを中心とした社会に適合するためのソーシャルスキル」ではなく、「すべての子どもを対象とした異なる『ふつう』をもつ他者と共存・共生するための技法としてのソーシャルスキル」へのアップデートが必要です。

2 学校全体でSSTを導入するときのポイント

本節においては、前節で説明をした3つの罠に留意しながら、学校全体でSSTを導入する際のポイントをお伝えします。第1層支援としてのSSTの導入についての具体的な手続きについては第2章、第2層支援については第3章で詳しく説明する予定です。

1 「支援が必要な子ども」と「支援が不要な子ども」に分けないシステム――多層型支援システムとは

罠その③でお伝えしたとおり、「共生の技法としてのSST」においては、すべての子どもが対象となります。このように、学校規模でSSTを導入する際には、多層型支援システム（multi-tiered system of support）として導入することをおすすめします。**多層型支援システムとは、すべての子どもを対象とした第1層支援、一部の子どもを対象とした第2層支援、個別の子どもを対象とした第3層支援で構成される、多層的な支援システムです**（図1－1）。

「マイノリティの子どもがマジョリティを中心とした社会に適応するためのSST」の場合、現在の通常の学級のあり方を見直すことなく、「SSTが必要である」と判断された子どもたちのみを対象としてSSTを実施することが多いです。一方で、「共生の技法としてのSST」においては、すべての子どもたちが、自分と異なる他者とどう接したらよいのかについて学ぶ機会をつくることが大切です。**多層型支援システムでは、子どもたちを「支援が必要な子ども」と「そうでない子ども」に最初から分けて、「支援が必要な子ども」のみに支援をするのではなく、最初からすべての子どもたちを対象として、ユニバーサルな支援をします。**そのうえで、第1層支援のみでは足りない子どもに対して、必要に応じて追加的に第2層支援、第3層支援を付け足していきます。あるスキルを学ぶにあたっては第1層

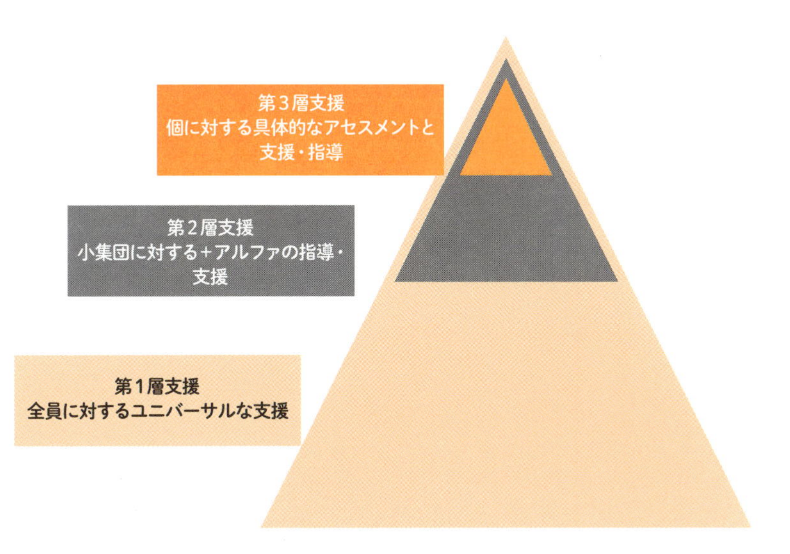

● 図1－1　多層型支援システムにおける3層

支援のみで十分な子どもであっても、別のスキルを学ぶにあたっては第2層支援が必要になるかもしれません。**そもそも子どもが行動として表出するスキルは、環境との相互作用であること**が前提になっているシステムです。

多層型支援のポイントは、**①第1層支援をなるべく充実させる（その学級にいる多様な子どもたちの学んでいくうえでの障壁を最大限取り除いた学級・授業づくりをする）、②第1層支援の結果、子どもたちの行動がどのように変容したかを確認し、第1層支援を改善する、③追加的な第2層支援や第3層支援が必要な子どもについてチームで意思決定**をしていくことです。

❶生徒指導提要における多層型支援

「多層型支援システム」という名称は使われていませんが、文部科学省の示している文書において同じ発想が示されているものがいくつかあります。

2022（令和4）年に改訂された「生徒指導提要」（文部科学省，2022）

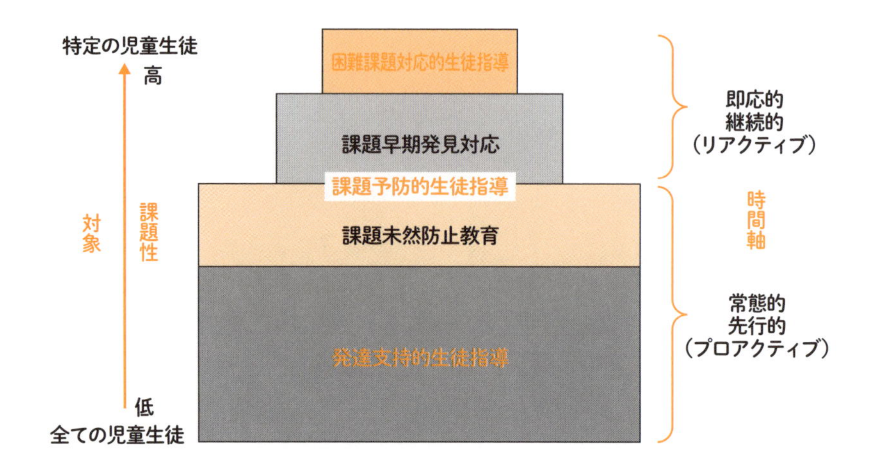

● 図１－２　生徒指導の重層的支援構造

においては、生徒指導の構造として「２軸３類４層構造」が紹介されています（図１－２）。生徒指導においては４層構造になっていますが、多層型支援システムを踏襲しており、基本的な考え方は同じです。生徒指導提要には、問題の未然防止としてSSTの実施も例としてあげられています。

❷段階的に支援を付け足したうえで個別的な支援の検討を

2023（令和５）年３月に報告が出された「通常の学級に在籍する障害のある児童生徒の支援の在り方に関する検討会議」においては、以下のような記載があります（文部科学省，2023）。

なお、現状の校内委員会の在り方として、学びの場の検討や個別の支援を中心に検討している傾向が見受けられる。そのため、校内委員会において支援策等を検討する際には、児童生徒の教育的ニーズを踏まえ、どのような支援を必要としているのかを把握し対応策を検討することが重要である。

具体的には、まずは通常の学級において、学級全体に対してわかりやすい授業の工夫を行うことが重要である。その上で、ICTを含む合

理的配慮の提供、特別支援教育支援員の配置などにより十分に学べるのかを検討する。さらには、特別支援学校のセンター的機能の活用や外部の専門家と連携しながら支援する必要があるのかを検討するなど、通常の学級の中でできうる方策を十分に検討した上で、自立活動など特別の教育課程が編成できる通級による指導や特別支援学級の必要性を検討していくという段階的な検討のプロセスが大切である。(以下略)

現状は、通常の学級において支援が必要と思われる児童生徒については、**通常の学級でできる支援を検討することなく、通級や特別支援学級などの場を検討したり個別的な支援を検討していることの問題点**が指摘されています。第1層支援をしたうえで、段階的に第2層、第3層と支援を付け足していく必要性があるということです。

学校訪問をすると、先生から「40人学級のなかで10人の個別支援が必要なんです。担任一人じゃ無理です」といわれることがあります。もちろん教師の数を増やすように訴えていく必要があります。一方で、**いますぐできることとしては、今の授業のあり方や生徒指導のあり方、学級づくりのあり方など、第1層支援そのものを変えていくこと**です。そのほかにも、特別支援教育コーディネーターの先生から「校内支援委員会で取り上げるケースが多すぎて回りません！」と言われることもあります。**個別支援が必要な子どもが多いということは、全体に対する今の第1層支援が足りていない、あるいは子どもたちに合っていないということです。**

第1層支援として学校・学級全体に対してSSTを実施することは、結果的に個別的な第3層支援が必要な子どもが減ることにつながります。一方で、問題とされている行動が暴言・暴力・自傷など、相手や自分を傷つける行動である場合、第1層支援と第2層支援は飛ばして、最初から個別的な第3層支援を開始する必要があります。本書においては第3層支援については扱いません。より個別的な第3層支援について知りたい方は、巻末に紹介されている書籍を参考にしてください。

2 学校の教育活動におけるSSTの位置づけの明確化

学校全体でSSTを実施する場合、なぜ実施するのかを明確にしておくこと、学校の教育活動のどこに、どのように位置づくのかを明確にしておくことは、持続可能な形でSSTを実施するうえでも重要です。

学校の教職員全体でSSTとはそもそもなにか、なぜSSTを実施するのか、そして学校経営計画のどこに位置づくのかなどについて、共通認識をもちましょう。前項「1 「支援が必要な子ども」と「支援が不要な子ども」に分けないシステム——多層型支援システムとは」（p.18以降）の多層型支援システムにおいても解説したように、SSTは生徒指導にも特別支援教育にもかかわるため、生徒指導担当や特別支援教育コーディネーターの先生を中心とした推進チームをつくり、具体的な進め方などを検討することが望ましいです。**位置づけや進め方について、トップダウンで決めたものを実行するのではなく、疑問をもった先生が意見を伝えやすい工夫をすること**も大切です。先生たちがSSTの実施について納得をしていないなかでSSTを進めるのではなく、先生たちの意見を踏まえてSSTの実施や進め方を決めましょう。このように、「共生の技法としてのソーシャルスキル」トレーニングを進める際、先生たち自身もその過程のなかで「共生の技法としてのソーシャルスキル」を活用してSSTが実施できるような環境を整えることが大切です。

3 子どもたちともSSTの目的や定義を確認する

学校におけるSSTの位置づけを明確にし、教職員が認識を揃えることができたら、子どもたちともSSTの定義や目的を共有しましょう。その際にポイントとなるのは、**罠その①**で述べたマジョリティに合わせるためのSSTの罠にはまらないことです。そのために、子どもたちがおたがいのちがいを知り、「マジョリティの規範に適ったソーシャルスキルだけが『正しい』わけではない」ということを知る機会をつくりましょう。

たとえば、冒頭のモリさんの事例の場合、「自分の関心ごとを最優先したい」という子もいれば、「その場のみんなで共有している関心ごとを探して、それについて話すことを優先したい」という子もいるということを、モリさんも、モリさん以外の子も知る必要があります。そのほかにも、たとえば、他者とかかわることにエネルギーをたくさん使って疲れてしまうタイプの子もいれば、逆に他者とかかわることによってエネルギーを得るタイプの子もいます。前者の子にとってはあいさつをすることはとても負担が高い一方で、後者の子は、あいさつをすることに負担は感じないでしょう。そのほかにも、他者の感情を感じ取りやすい子、感じ取りづらい子、一人で物事を進めるほうが好きな子、他者と協力しあうことが好きな子……などもあります。**これらは、優劣ではなく「ちがい」であり、それぞれに「ちがい」をもつ一人ひとりがお互いを大切にしながら、ともに生きるためにはどうしたらよいか、ということを考えること**こそがSSTであるということを、子どもたちに伝えましょう。

そのためには、SSTの授業やSSTについて話すときのみでなく、**日常生活のなかで、子どもたちがお互いのちがいに気づくことを知る機会を意図的につくり、「マジョリティの規範のみが正しいわけではない」ことを知る機会をつくること**が大切です。なるべく正解が1つにならないように、みんなで自分たちにとっての正解を探していくようなスタンスをもつようにしましょう。

4 標的スキルのニーズについて子どもに聞く

罠その②においては、大人にとって都合のよい標的スキルを決めるのではなく、本人の意見を踏まえて決めることが大切であることをお伝えしました。モリさんのように、個別的な支援をする場合は、本人の意見を踏まえることはイメージがつきやすいかもしれません。第1層支援や第2層支援として子どもたちの意見や思いを反映するにはどうしたらよいのでしょうか。

まずは、子どもたち自身がクラスメイトなど他者との関係性において困っているかどうか、困っている場合、どんな点で困っているのかなどの情報を集めてみましょう。

クラス全体の子どもに意見を聞く方法として、子どもの年齢や答えやすさなどを踏まえて、自由記述や選択式のアンケートを作成し、実施する方法があります。先生が自作する方法もあれば、既存のアンケートを使用する方法もあります（第２章と第３章で紹介）。困っていることを聞いたほうが答えやすい場合もあれば、学びたいソーシャルスキルの種類を聞いたほうが答えやすい場合もあるため、子どもたちの年齢や特徴を踏まえて、どんなアンケートだったら子どもたちが答えやすいのか？　という点を踏まえて準備しましょう。また､年齢や集団によっては､記名式でのアンケートだと回答しづらい場合もあります。その場合は、無記名式のアンケートや、ご意見箱のようなものを設置するのもよいでしょう。アンケート実施や意見募集にあたっては、何のためのアンケートなのか？　を子どもにとってわかりやすい説明をし、結果は子どもの成績などに反映されるものではないことも含めて説明をしましょう。

実際にSSTを実施してみないと、子どもたち自身が困っていたのかどうか、そして子どもたち自身にとってSSTが有効であったのかどうかがわからない場合もあります。そのためにも、事前に意見を聞くだけではなく、実施後にもSSTをやってみてどうだったかを必ず聞くようにしましょう。

第２層支援の場合は、一部の子どもだけを対象とした活動となるため、一人ひとりの意見を確認することが望ましいです。子どもがなにに困っているのかについてのヒアリングやSSTへの参加の提案を、その子にとってわかりやすい形で、そして安心できる形で実施しましょう。必ずしも担任の先生ではなく、その子が話しやすいと感じている先生が実施することをおすすめします。もし子ども本人が第２層支援としてのSSTへの参加を拒否したら、無理やり参加を強いるのはやめましょう。

引用文献
・Hull, L., Petrides, K.V., Allison, C. et al. (2017) "Putting on My Best Normal": Social Camouflaging in Adults with Autism Spectrum Conditions. *Journal of Autism and Divelopmental Disorders*, 47, 2519-2534.
・相川充（2016）人づきあいの技術を高めるソーシャルスキルの心理学．リクルートマネジメントソリューションズ．
・泉子・K・メイナード（1993）会話分析．くろしお出版．
・外務省（2014）障害者の権利に関する条約．
・半田健（2019）日本における自閉スペクトラム症児を対象としたソーシャルスキルトレーニングに関する研究動向．LD研究，28（4），494-503．
・本田秀夫（2013）自閉症スペクトラム：10人に１人が抱える「生きづらさ」の正体．SB新書．
・文部科学省（2022）生徒指導提要．
・文部科学省（2023）通常の学級に在籍する障害のある児童生徒への支援の在り方に関する検討会議．

第2章

すべての児童生徒に対するSST

第1層支援

Introduction

本章では、ソーシャルスキル・トレーニング（social skills training: SST）の基本的な原理や技法を解説しつつ、すべての児童生徒を対象とした学級単位の集団SST（第１層支援）の進め方について紹介していきます。

1 SSTの基本的な考え方

1 SSTの特徴

SSTは、円滑な人間関係の形成や社会生活上の適応を目指すために、1960年代から1970年代頃にかけて開発されたトレーニングプログラムです。その中心となる発想は、対人場面における不適応を**ソーシャルスキルの学習の問題**という観点からとらえることにあります。たとえば、ある児童が自分の意見を言うことができなかったり、相手を傷つけるような発言をしてしまったり、皆が守るべきルールを破ってしまったりする場合、これらの行動は生まれもった性格によるものではなく、ソーシャルスキルを適切に学習する機会がなかった（**未学習の問題**）、もしくは不適切なスキルを実行するほうがその環境ではメリットが大きかった（**誤学習の問題**）結果であると考えます（渡辺，1996）。

これらの考え方を基本として、ソーシャルスキルを積極的に学習したり、すでに獲得しているソーシャルスキルの実行を引き出したり、または不適切なスキルを適切な方向に変容するためのさまざまなプログラムの総称を**SST**（social skills training）と呼びます（坂野，1995）。SSTは当初、非行や攻撃的な行動を示す児童・青年を対象として、学校や施設において週に２～３回といった集中的なスケジュールで､個別に実施されてきました。しかし、今日に至っては、問題が生じる前の段階において、コミュニティ内に適切な対人的・社会的行動を広めることによって、いじめなどの人間関係のトラブルを未然に防ぐことを目的とした集団形式でのSSTも盛んに実施されてきています。

SSTで扱われる**ソーシャルスキル**が何を指すのかは、第１章でも触れたように研究者によって定義が異なりますが、その条件として、①学習可能かつ具体的な行動であること（Michelson, Sugai, Wood, & Kazdin, 1983)、②一定の状況下で社会的に望ましい結果をもたらすことが予想されること（Gresham & Elliott, 1987）が強調されています。これらの条件はソーシャルスキルとは何かという定義だけでなく、SSTがもつ支援観の特徴をよく表しています。

まず、①に示される「**具体的な行動**」という条件を満たすには、その行動を実行するためのポイントが明確に示されている必要があります。たとえば「元気よくあいさつする」スキルを学習しようとしたとき､「元気よく」というイメージがあいまいなままでは、今現在の自分のあいさつと何が違うのか、どの点を変える必要があるのか明らかではないため、スキルを身につけることは難しいでしょう。そのため､SSTでは「相手の顔を見て」「大きな声で」「笑顔で」「『おはよう』と声をかける」といったように、どのようなポイントを押さえて行動することが「元気よくあいさつする」スキルを実行することになるのかを具体的に示すことが重要となります。

また、②に含まれる「**社会的に望ましい結果**」には、学校生活でいうならば、クラスメイトからの好意的な反応や、教師からの肯定的な評価、学業成績など周囲から賞賛される成果を得ることなどがあげられます。しかし、「一定の状況下で」というただし書きが示すように、ソーシャルスキルの実行がこれらの結果をもたらすかどうかは、状況によって左右されます。そのため、ソーシャルスキルの概念には、その内容だけでなく、どのような場面・タイミングで実行することが適切なのかという文脈が重要です。「元気よくあいさつをする」の例でいえば、「朝に教室で友だちと会ったとき」「廊下で先生とすれ違ったとき」は有効と考えられますが、「テスト中の教室に遅刻して入ったとき」にこのスキルを実行した場合、教師や他の児童のひんしゅくを買ってしまうかもしれません。SSTでは、さまざまな場面を想定して練習することで、ソーシャルスキルをどのような状況で実行すべきかを、自ら判断できるように支援します。

2 学校におけるSSTの標的スキル

SSTで獲得を目指すソーシャルスキル、すなわちトレーニングの標的となる行動のまとまりは「**標的スキル**」と呼ばれます。初期のSSTでは、対人場面での不安を打ち消すような行動を形成するために「自己主張する」スキルの獲得が重視されてきましたが（McFall & Lillesaud, 1971）、近年では、他者の感情への気づきや自己の感情のコントロールなど、認知面・感情面の要素を含む多種多様なスキルが標的スキルとして扱われています。新川・冨家（2015）は、学校におけるSSTで扱われた標的スキルを整理し、13の要素に分類しています（表２－１）。

これらの標的スキルは、決して特別なものではなく、通常の学校教育のなかでも指導の対象となる行動も含まれます。しかしその一部には「**マジョ**

表２－１　学校でのSSTの標的スキル（新川・冨家（2015）を元に作成）

1　あいさつをする	気持ちの良いあいさつをする
2　意見を伝える	自分の意見や要求を主張する
3　仲間に加わる	集団に参加したり、仲間と協調して活動する
4　相手を思いやる	相手の気持ちに配慮し、必要に応じてサポートする
5　嫌なことを断る	嫌なことや応じられない要求をきっぱりと断る
6　緊張を抑える	緊張や不安を感じる場面でも堂々と立ち振る舞う
7　あたたかい言葉かけ	相手に好意を伝えたり、相手の良いところをほめる
8　ルールを守る	集団内のルールを守り、不適切な行為を謝罪する
9　注意を呼びかける	ルールを破る人に注意したり、適切なやり方を助言する
10　感情のコントロール	一時の感情や衝動に身を任せずに、自分を律する
11　リーダー役を担う	皆の意見をまとめたり、自ら率先して行動する
12　学ぶ姿勢をつくる	事前に授業の準備をしたり、学習環境を整える
13　援助を求める	人に悩みを相談したり、助けを求める

リティへの適応**」（第１章参照）を押しつけるような内容も見受けられます。たとえば「ルールを守る」スキルは、学校生活を安全に送るうえで重要なスキルですが、皆が同じように振る舞うことを目的とするものではありません。**SSTで扱われる標的スキルは、本人らしさを失わせるものではなく、本人にとっても獲得が望まれるものである必要があります**。

3 学級集団を対象としたSST

SSTは近年、その対象や目的に応じて多様な展開を見せてきています（石川・肥田・岸田・上田・中西・金山，2016）。とりわけ、支援ニーズに応じて段階的に予防的支援を実施する「多層型支援システム」（第１章参照）などを背景に、通常の学級ですべての児童生徒を対象とする第１層支援としてのSSTが実践されています。このように、その対象を学級全体に広げ、学級単位で実施するSSTは「**学級単位の集団SST**（classwide social skills training）」と呼ばれ、ソーシャルスキルの獲得に対して一定の成果を上げることが報告されています（高橋・小関，2011）。

学級単位の集団SSTでは、児童生徒一人ひとりの課題に応じて内容を調整することは困難ですが、その工夫次第で集団プログラムならではの強みを活かした実践を展開することも可能です。佐藤・今城・戸ヶ崎・石川・佐藤・佐藤（2009）は、学校において第１層支援として実施するプログラムの利点を次のように紹介しています。すなわち、①特定の児童を取り出すことによるラベリングの問題（周囲から「コミュニケーションが苦手だから指導されている」と認識される）を回避できること、②すべての児童生徒を対象とするため、プログラムの開始時点では把握しきれなかった個別の問題を見逃さずに対応しやすくなること、③学級全体にプログラムを浸透させることで、学級内で問題が生じた際にも児童同士で支え合う環境を整えやすくなることの３点があげられます。

これらの予防的観点に加えて、学級単位に留まらず学校規模でSSTに取り組むことは、学校環境のあらゆる場面でソーシャルスキルが好意的に受け入れられる経験を増やし（石川・岩永・山下・佐藤・佐藤，2010）、ソーシャルスキルを実行する場面に近い環境（教室でクラスメイトを相手とする際など）でのトレーニングを可能とする（新川・二瓶・金山・冨家, 2019）など、ソーシャルスキルの定着化を促すと考えられます。さらに、**たとえ同じ標的スキルでも、それを表現するための振る舞い方は十人十色であることを共有する機会になるので、画一的な「正解」にとらわれないことの大切さを強調できるという点も、集団を対象としたSSTならではの強みといえます**。

2 SSTの技法とその原理

学級単位の集団SSTは、「**言語的教示**」「**モデリング**」「**行動リハーサル**」「**フィードバック**」からなる行動変容を目的とした「コーチング法」と、スキルの定着化を促すことを目的とした「**般化促進方略**」から構成されます（佐藤，2006）（図2－1）。それぞれの手続きを要約すると、標的とするソーシャルスキルの要素を言語化して伝えたうえで（**言語的教示**）、そのお手本をモデルとなる人物が例示し（**モデリング**）、実際に練習相手にそのスキルを実行してみて（**行動リハーサル**）、練習相手や指導者から評価・助言してもらう（**フィードバック**）という手順で行われます。そして、獲得したソーシャルスキルが日常場面でも実行されるように、さまざまな工夫を組み込んでいきます（**般化促進方略**）。コーチング法の各技法は、多くの場合、1つの標的スキルにつき1～2回ほどのセッション（コマ）数を費やして実施されます。ここでは、コーチング法の手続きに沿ったセッションの進め方を示していきます。

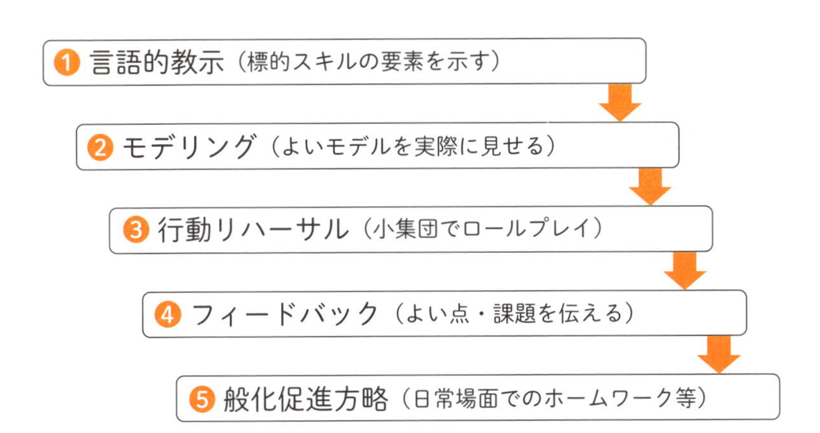

● 図2－1　SSTのセッションの基本的な流れ

1　コーチング法の手続き

❶言語的教示

セッションの最初には、その回において標的とするソーシャルスキル（標的スキル）の内容と意義について紹介していきます。具体的には、標的スキルがどのような内容のものであるのか、なぜそれを学ぶ必要があるのか、どのような場面で役に立つと考えられるのか、そのスキルを実行することで本人にどのようなメリットがあるのかを明確にします。この手続きを**言語的教示**といいます。ここで示される標的スキルの内容は、学習者（児童生徒）が実行しやすいように、「言葉として」そのポイントが定義されている必要があります。

たとえば「感謝の気持ちを伝える」スキルを標的スキルとして設定した場合、その要素となる行動を細分化し、「相手を見て」「相手に聞こえる声の大きさで」「笑顔で」「自分の気持ちを伝える」というように、意識するポイントを具体的に示します（図２－２）。このとき、トレーニングの指導者（教師）が一方的に教示するだけでなく、児童生徒に自身の経験を振り返ってもらい、「されて嬉しかった感謝（言葉だけでなく）」について発言を求めるのもよいでしょう。**ここで示すポイントは、必ずしもすべて達成しなければいけないわけではなく、どれか１つでも意識してチャレンジしてみることが大切です**。例の「4. 自分の気持ちを伝える」をより明快

例）「感謝の気持ちを伝える」スキル

1．相手を見て
2．相手に聞こえる声の大きさで
3．笑顔で
4．自分の気持ちを伝える

●図２－２　**標的スキルのポイントの例**

に「ありがとうと言う」をポイントに設定し直したり、それが難しければまずは「会釈する（頭を下げる）」から始めてみるなど、児童生徒が無理なく実行できるよう、ポイントを個別に設定することも推奨されます。

❷モデリング

言語的教示において標的スキルのポイントを共有した後には、実際にその標的スキルの見本を実演します。この見本を児童生徒に観察してもらう手続きを**モデリング**といいます。このモデリングには、標的スキルのポイントを押さえた振る舞い方を児童生徒がよりイメージできるように伝えるという目的のほかに、そのポイント1つひとつにどのような作用があるのかを客観的に理解してもらうという目的があります。そのため、教師が実演する際は、いきなりすべてのポイントを押さえた理想的な姿だけを見せるのではなく、ポイントをまったく意識しないパターンから始めて、1つずつポイントを意識したパターンを演じ分け、その効果を実感してもらうことが重要です。

たとえば、先ほどの「感謝の気持ちを伝える」スキルについて例示する場合で考えてみましょう。まず、「落とし物を届けてもらった場面」など標的スキルを実行する場面について先に状況を説明します。指導者が複数名いない場合は、児童生徒に相手役を演じてもらうとよいでしょう。最初はポイントをまったく意識しない例を示すため、ハンカチを渡してくれた相手に対し、「まったく相手を見ないでハンカチを奪い取る」といった行動をとります。次は相手を少しだけ見て会釈するパターン、その次は相手を見て「ありがとう」と小声で言うパターン……などと、少しずつパターンを変化させていきます。こうすることで、完璧でなくてもポイントを少し意識するだけで意味があることを実感してもらいます。このとき、相手役の児童生徒に毎回感想を聞くことで、「さっきよりも渡して嬉しい気持ちになった」など相手役の気持ちを可視化することも重要です。最終的に何が適切なスキルかは相手の受け止め方次第ではありますが、**このように変化していく過程を学級集団で共有すること自体が、クラスメイトが標的スキルを実行する際の「ちょっとした頑張り」への気づきを促し、多様な**

振る舞い方（見本どおりではなくとも）を肯定的に受け止めるような学級風土をつくることにもつながると考えられます。

❸行動リハーサル

標的スキルのポイントとその効果を学んだ後は、小集団のグループにわかれて、ロールプレイのなかで実際に標的スキルを実行する練習をしていきます。この手続きを**行動リハーサル**といいます。行動リハーサルに使用する場面には、児童生徒が日常生活を送るうえで経験したことのある、もしくは今後経験する可能性の高い場面を設定します。児童生徒はその場面に沿って、ロールプレイを進めていきます。授業の形態に慣れてくるまでは、いきなりペアを組ませるのではなく、グループのなかで役割を交代するなどして、教師の目が行き届きやすい環境で実施することが推奨されます。ロールプレイでは、他の誰かの役を演じるのではなく、自分自身として演じる必要があります。この行動リハーサルを通して、確実に成功体験を得ること、また自らの課題に気づくことが重要です。

たとえば「感謝の気持ちを伝える」スキルを実行することを想定した場合、「落とし物を拾ってもらった場面」以外にも、「体調を心配してくれた場面」「作業を手伝ってもらった場面」「当番の仕事を代わってもらった場面」など、さまざまな状況を設定してロールプレイを進めます（図２－３）。ただし、セリフを固定化しすぎると、ただ読めば成立してしまう活動になっ

A（せきこんでいる）
B「Aさん、辛そうだけど大丈夫？」
A「実は昨日から少し熱があるみたいで……」
B「今日はもう早めに帰って家で休んだら？」
A「＿＿＿＿＿＿＿＿（自分の気持ち）」

●図２－３　ロールプレイ場面の例（感謝の気持ちを伝える場面）

てしまうので、例のように**標的スキルを自由に表現することが可能な枠組みを設けるなど、自分自身のスキルを「自分らしい」表現で試す場として機能するように心がけましょう**。

④フィードバック

行動リハーサルにおいて標的スキルを実行した後は、教師から、もしくは児童生徒同士で、どこがよかったか、どのような点を工夫するともっとよくなるかについて感想を述べます。この手続きを**フィードバック**といいます。このとき、否定的な感想が中心になると、かえって自信を失わせてしまう結果になるおそれがあるので、まずはよかった点を中心に伝えることをルールとして提示します。状況に応じて、教師が代わりに肯定的な評価を述べたり、学級全体と共有しながら具体的に褒めることも有効です。基本的には、標的スキルのポイントに沿っていたかどうかが焦点となりますが、**モデリングで例示したような「よい例」のイメージにとらわれず、ふだんのその子の振る舞い方も考慮して努力できた部分を称賛することが大切です**。

⑤ホームワーク（日常場面での実行）

フィードバックや振り返りを終えたら、SSTの時間だけでなく、日常生活においても今回学んだ標的スキルを意識して実行することを奨励します。ただし、標的スキルによってはそれを実行する機会が限られることから、その機会を自ら作り出すために、ホームワーク課題を設定する場合もあります。たとえば、在原・古澤・堂谷・田所・尾形・竹内・鈴木（2009）の実践では、人に感謝したときに相手に渡す「ありがとうカード」を１人につき10枚配布し、次回のSSTのセッションまでにすべて使い切ること（少なくとも10人に「ありがとう」を伝えること）をホームワークとして設定しています。このホームワークのように、SSTの時間外の日常場面で標的スキルが実行されること（**般化**）、さらにその実行が長期間にわたって継続されること（**維持**）を目的として、さまざまな工夫を施すことを**般化促進方略**と（維持促進方略とも）いいます。

Column 「般化」と「維持」

般化とは、トレーニング場面で獲得した標的スキルが日常場面（標的スキルを実行する相手や状況が異なる環境）でも実行されること、もしくはトレーニング場面で直接練習していない形態の行動（標的スキルに類する行動）が実行されることを指します（Stokes & Baer, 1977）。

これに対し、**維持**とは、トレーニングによる行動変化がトレーニング終了後も長期間持続することを指し（Stokes & Osnes, 1989）、どちらもSSTを実施するうえでは重要な目標となります。

たとえば、SSTで「感謝を伝える」という標的スキルを獲得するために「落とし物を友だちが届けてくれた場面」を想定し、「ありがとう」と言う練習を行ったとします。その後、日常生活のなかで「友だちがプリントを届けてくれた場面」や「見知らぬ他人がハンカチを落としたことを教えてくれた場面」でも「ありがとう」と言えた場合、標的スキルの般化（刺激般化）が生じたとみなすことができます。

また、「ありがとう」だけでなく、「すごく助かる！ 嬉しいな」と感情を表出したり、「申し訳ないです」と笑顔で伝えたりした場合、「ありがとう」とは別の行動ではありますが、これらも「感謝を伝える」という標的スキルの広がりの一例であるため、般化（反応般化）が生じたととらえることができます。

2 学習の原理から見た各技法

SSTの各技法は、いくつかの学習を支える原理に基づいて開発されています。ここではSSTの背景にある３つの原理を紹介していきます。

①強化の原理

特定の行動（スキル）は、その行動の後によい結果が得られたという経験を通じて獲得される。

②観察学習

本人が直接経験しなくても、他者が特定の行動の後によい結果を得たことを見聞きすることで、その行動は獲得される。

③ルール支配行動

「ある場面で特定の行動をするとよい結果が得られる」というルールに基づいて獲得された行動は、その行動の後に毎回よい結果が得られるとは限らない状況でも消失しにくい。

❶強化の原理

強化の原理は、SSTを成り立たせる基本的な原理の1つです。ソーシャルスキルに限らず、私たちの行動は日常生活のなかでさまざまな経験を通してその環境に適応するために自然と獲得されたものといえます。これは他の人からすると一見「不適切」と思えるような行動にも当てはまります。

たとえば、朝に学校でクラスメイトを見かけたら「元気よくあいさつする」子もいれば、「あいさつをしない」子や「目を逸らす」子もいるでしょう。「元気よくあいさつする」子は、これまで「元気よくあいさつする」

行動の後に、本人にとって好ましい反応（相手からも気持ちのよいあいさつが返ってくる、相手が笑顔になる、先生から褒められるなど）が得られた経験を積み重ねた結果として、その行動を頻繁にとるようになったと考えられます。

一方、「あいさつをしない」子は、そもそも上記のような「元気よくあいさつをする」行動をとったことがなく、好ましい反応を得る機会がなかったのかもしれません。「目を逸らす」子は、あいさつをした相手がたまたま不機嫌で無視されてしまった、というような経験を通して、その子にとっては「目を逸らす」ほうがむしろ安全なのだと学習してきたかもしれません。このように、本人にとってよい結果が得られたり、悪い結果を避けられたりする経験を通して、ある行動が増えることを「**強化**」といいます。強化の原理に基づくと、これらの行動はいずれも、本人の目線ではきわめて合理的に獲得されたものといえます。そのため、「元気よくあいさつする」行動を獲得するには、その行動の後に確実に好ましい反応が返ってくる経験を通して、学習を上書きする必要があります。

SSTの**行動リハーサル**は、ロールプレイのための場面を設定し、参加者同士でソーシャルスキルの実行を予行演習することで、本人がスキルの実行に伴って相手から好ましい反応を得る機会を確保することができます。手続きだけを見ると、獲得を目指すスキルについて反復練習することが目的ととらえられがちですが、ソーシャルスキルを適切に実行するだけでなく、スキルを実行した後に、自分の気持ちが相手に伝わって好意的な反応が返ってきたり、相手から感謝されたりするなど、よい結果が伴うということを本人が実体験として経験するところまでがセットとなります。

ただし、ここで注意したいことは、**行動リハーサルが表面的に成功しているように見えたとしても、本人のなかでそれがよい結果とは限らない**ということです。たとえば、ふだんからコミュニケーションに自信がもてず、何とかロールプレイをこなすのがやっと、という子の場合はどうでしょうか。せっかく適切にソーシャルスキルを実行できたとしても、相手の表情や反応まで見る余裕がなく、「どうせ他の人よりうまくできていない」という考えに陥ると、本人にとってよい結果が得られたとは言い難いでしょう。もしくは、相手が喜んでいたことを認識したとしても、わざわざ自分の行動を変えることの労力に釣り合わないと考える子もいるかもしれません。このように、強化による学習が成立するかどうかは、あくまで本人を主体とした体験によるところが大きいのです。

SSTの**フィードバック**では、ソーシャルスキルを実行する様子をSSTの指導者（教師）が具体的に褒めたり、相手からの感想を聞く機会を設けることで、スキルの実行が練習相手や周囲の人からのポジティブな評価につながることを可視化させます。こうした手続きは、ソーシャルスキルを実行すること自体のよさを直接体感しにくい子に対しても、本人の満足感を補う作用があると考えられます。フィードバックを行う際は、**ソーシャルスキルをより適切に実行できたかどうかを批評するよりも、その実行のメリットを本人目線で感じられるように働きかけ、確実に強化することに重点を置きましょう**。

❷観察学習

観察学習は、直接的な経験を通じた学習とは異なり、モデルとなる他者が特定の行動の後によい結果を得たことを見聞きしただけで、その行動を獲得できるという学習の原理です。この観察学習が成立するには、ある問題場面を設定したうえで、その問題に対処するために必要な行動をモデルとなる人物が示し、その行動に対してよい結果が得られるところまでを学習者が観察する必要があります。

SSTの**モデリング**はまさにこの原理を利用し、ソーシャルスキルのお手本を指導者が演じるなどして、具体的な振る舞い方だけでなく、その実行がもたらす結果をわかりやすく示す技法です。モデリングによる学習は、直接的な経験を通じてすでに学習されてしまった不適切な行動を見直すうえでも役立つと考えられます。

たとえば、友だちに貸していた本が返ってこないときに、どのように声をかければよいかという問題場面を想定してみます。ここでのよい結果とは、単純に考えると「貸していた本が返ってくること」になりますが、社会的な適切さという観点からすると「相手との関係性が良好に保たれること」も、本が返ってくることと同等かそれ以上に重要な結果です。モデリングでは、不満をあらわにして「早く返してくれない？」と攻撃的（高圧的）に伝えるやり方と、「急かすようで悪いんだけど、例の本、来週あたりまでに持ってきてもらってもいいかな？」と、相手に配慮しながら伝えるやり方を対比させるなどして、後者のほうがより相手も気持ちよく応じることができることを観察してもらいます。これにより、「ああやってやればいいんだ」と、よりよい関係性を保つための行動を学習できるようにします。

ただその一方で、実はここにも一義的な「正しさ」を押しつけるような落とし穴が潜んでいることに注意する必要があるでしょう。通常、集団を対象とするSSTでは、モデリングは行動リハーサルの前に実施されます。これは実際に練習を開始する前にお手本を示すことで成功するイメージをつかませるという側面がありますが、あくまで適切な行動の一例を示すことしかできません。しかし、ここでモデルの行動が唯一の正解であるかのように説明してしまうと、「それ以外の行動はすべて不正解である」といった誤った認識が広がってしまうおそれがあります。**本来、こうしたモデルは画一的なものではなく、本人が「目指したい自分」に近いと思えるようなモデルである必要があり、多様であって然るべきです**。プログラムの進行上、事前に例示するモデルには限りがありますが、行動リハーサルの様子を全体で振り返る時間などを利用し、例示したパターンとは異なる行動であっても多様なモデルを取り上げることが、より多くの子にとって観察学習を成立させることにつながると考えられます。

③ルール支配行動

ルール支配行動とは、「ある場面で特定の行動をするとよい結果が得られる」というルール（教示）に従う行動のことです。「強化の原理」の項で説明したように、ある行動を獲得するには、その行動の後によい結果が得られる必要があります。しかしながら、日常場面の自然な環境では、トレーニング場面と違い、獲得された行動を適切に実行したとしても、相手や文脈によっては必ずしもよい結果を伴うとは限りません。このように結果が不安定な状況では、せっかく獲得された行動が失われてしまうことが懸念されます。これに対し、ルール支配行動は「この場面ではこうするのがよい」というルールに基づいて形成されるため、直接的によい結果を伴わなくても、その行動が般化・維持されることが期待できます。

SSTの**言語的教示**では、さまざまな場面に共通する社会的ルールを形成するために、ソーシャルスキルを構成する要素は何か、どのような場面で実行する必要があるのか、それを実行することが本人にとってどのような価値をもたらすのかなど、そのセッションで扱う標的スキルの意義について理解を深めていきます。これにより、場面が変わるごとにそのつど適切な行動が強化されなくても、標的スキルを応用した行動がさまざまな場面で実行されることを目指します。

たとえば、「授業でわからなかった部分を先生に聞く」「悩みを友だちに打ち明ける」「道に迷ったときに通りすがりの人に目的地までの行き方を尋ねる」といった行動は、これらに共通する要素をまとめて「援助を求める」スキルと定義することができます。言語的教示では、これらの例に限らず「援助を求める」ことが必要な場面を想定し、どのように振る舞うことが適切なのかというポイントを、3〜5個程度に絞って具体的に示します。実際にはこれらのポイントを押さえたとしても、都合が悪いからと断られたり、期待するような援助が得られなかったりすることがありますが、ルールを十分に認識させることで「自分としては学んだスキルを適切に実行できた」「このやり方を続けていれば、そのうち解決するはずだ」というように行動は維持されやすくなります。

ただし、ルール支配行動には、ルールに従うことが優先されるあまり、今、目の前で起きている結果に鈍感になってしまい、行動の修正が利きにくくなるというネガティブな側面もあります。また、ルールは個人が属するコミュニティや文化圏の影響を受けるため、無自覚に「そうするのが常識だから」と本人にとって有益でない行動を維持させてしまう場合があります。**SSTで標的スキルを教示する際には、それが役に立たない「例外的な状況」が存在することも、あわせて言及し、状況に応じてその都度修正する必要があることを強調しましょう**。

3 SSTプログラムの進め方

第1層支援として学級単位の集団SSTを実践するうえでは、対象となる学級集団の特徴や利用可能な資源（リソース）に合わせ、プログラムを立案・運用する必要があります。ここでは、SSTプログラムを進めるための手順について、以下のフローに沿って解説していきます（図2－4）。

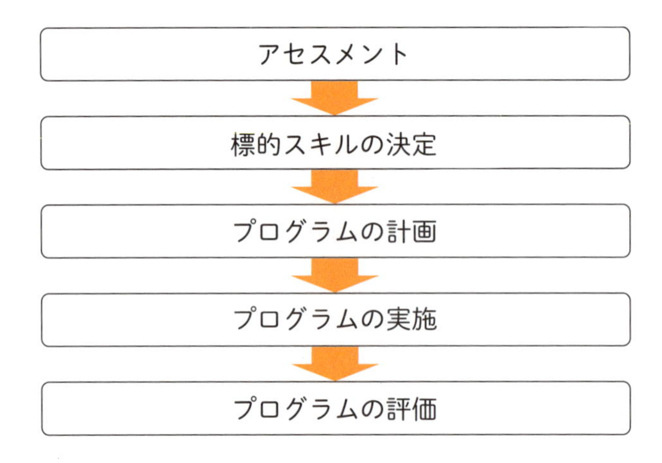

図2－4　SSTプログラムを立案・運用する流れ

1 アセスメント

SSTプログラムの作成に先立って、対象となる学級にどのような課題やニーズが存在するのかを把握する手続きを**アセスメント**といいます。特に第1層支援の文脈では、より多くの児童生徒に対して効果が見込まれるプログラムを提供するため、一部の児童生徒に限った課題ではなく、学級全体に共通する課題を見出すことが重要です。ここでは、アセスメントの手法として利用されることの多い、**質問紙法**と**行動観察法**について紹介します。

❶質問紙法

ソーシャルスキルの獲得状況に関して、学級の傾向を把握するために多く利用されるのが、一定の質問項目に児童生徒本人または教師が評定する形式のアンケート（心理尺度）を用いた**質問紙法**による調査です。質問紙法は、他のアセスメント方法に比べて実施が容易であり、短時間でさまざまな側面を網羅的に評価できるため、時間的・人的コストの面で優れています。また、ソーシャルスキルの獲得状況を得点化することで、SSTプログラムを実施する前後でどの程度の変化が認められたかを評価することが可能となります。

ソーシャルスキルの評価尺度は国内でも数多く作成されていますが、学級単位の集団SSTのアセスメントに適用するうえでは、①項目内容がSSTで扱われる標的スキルに準拠している、②学年・学校段階に応じて重視されるソーシャルスキルの差異に対応している、③対象となる年齢集団においてデータが集積されている、などの基準を満たすことが望まれます。たとえば、新川・冨家（2015）が作成したHokkaido Social Skills Inventory（HSSI）は、学級単位の集団SSTで扱われる標的スキルの評価

● 図2－5　HSSIの「意見を伝える」スキルの項目例

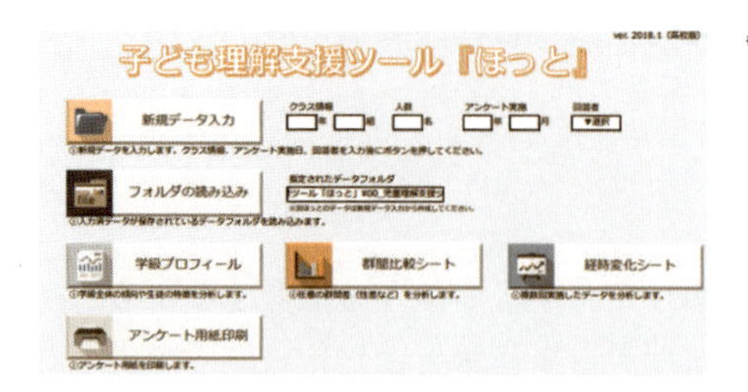

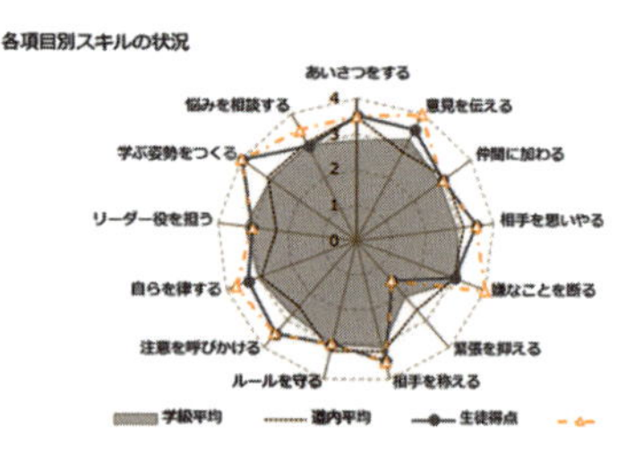

● 図2－6　「子ども理解支援ツール『ほっと』」の表示画面

を目的とした尺度であり、小学校低学年、小学校中学年、小学校高学年、中学校、高校の各学年・学校段階に応じた項目内容が整備され（図2－5）、さらに各年齢集団について標準的なデータが示されていることから（新川・冨家，2019）、上記の基準を満たすと考えられます。

また、HSSIは「子ども理解支援ツール『ほっと』」という名称で、回答データを入力・集計可能なツールと使用マニュアルが作成されており、北海道教育委員会のホームページ上で無償公開されています[1)]（図2－6）。このようなツールを活用することで、児童生徒一人ひとりの個別の状況だけでなく、学級集団の傾向を把握し、さらには学年または学校全体で取り組むべき課題を共有することが、児童生徒たちの実態により適したプログラムの作成につながると考えられます。

❷行動観察法

児童生徒の特定の行動に焦点を当てて観察する**行動観察法**は、実際の学校生活上での振る舞いや人とのかかわり方における具体的な課題を探るうえで多くの情報をもたらします。特に低学年の児童などは、自己評価と実際の行動が一致しないこともしばしば見受けられるため、行動観察法を用いて客観的な情報を補うことが望ましいといえるでしょう。

行動観察法のもう１つのメリットは、特定の行動がどのような場面で生じ、どのような結果をもたらしているのかといった一連の流れを分析する

1) https://www.dokyoi.pref.hokkaido.lg.jp/hk/ssa/hot.html

ことに役立つという点です。前節の「強化の原理」で述べたように、ソーシャルスキルの獲得には、その実行の後によい結果が得られること（強化）が重要ですが、学級集団においてそのような働きかけが極端に少ない場合、その環境自体を学級全体の課題とみなすことができます。

2 標的スキルの決定

アセスメントで得た情報をもとに特定した学級全体の課題に対して、SSTプログラムでどのような標的スキルを扱うことが有効であると考えられるかを指導者間（学年グループの教師同士など）で話し合います。セッション数に限りがあるため、あまり多くのスキルを扱うことはできませんが、「表２－１　学校でのSSTの標的スキル（p.30）」などを参照して、いくつか候補をあげてから優先順位を検討するのがよいでしょう。

標的スキルを決定するうえでは、ソーシャルスキルの尺度得点が学級全体として比較的低いスキルであることや、学級内の児童生徒間でその実行度にばらつきが大きいスキルであることがポイントとなります。また、学級内でそのスキルの実行が増えていった場合、他の適切なスキルも強化されることが期待できるスキル（たとえば、「感謝を伝える」「上手な聴き方」「あたたかい言葉かけ」などのスキルが増えれば、どのスキルに対しても適切に実行すれば好意的な応答が返ってきやすくなることが期待されます）は、学級単位の集団SSTで扱う意義が大きいと考えられます。そして、「**本人の意見を置き去りにしない**」（第１章参照）ように、児童生徒本人が自ら学びたいと思えるようなスキルであることが重要です。この点については、追加のアンケートを設けるなどして「学んでみたいと思うスキル」を選択してもらうことで、選択数が多かったスキルを取り上げることができます。

標的スキルの大枠が固まったら、標的スキルを構成するポイントを明確化する（p.34参照）とともに、それを実行することが適切な問題場面を設定します（表２－２）。設定した問題場面は、SSTのセッション内の行動リハーサルにおいてロールプレイの題材に活用します。

● 表2－2　標的スキルを実行する問題場面の例

標的スキル	問題場面
無理なことを断る	・体調が悪いときに友だちに遊びに誘われたとき ・友だちに買ったばかりの本を貸してと言われたとき ・一度にたくさんの仕事を頼まれたとき ・親しくない相手からデートに誘われたとき

3 プログラムの計画

SSTプログラムで扱う標的スキルが決まったら、年間のスケジュールのなかで利用可能なコマ数に合わせて、各セッションの構成を考えていきます。複数の標的スキルを扱う場合は、まずはSSTという授業の形態に慣れてもらうために、最初のうちはあまり難しくない標的スキルから始めることが推奨されます。また、学校行事との兼ね合いを考慮して、適切なタイミングで各セッションを配置しておくことも重要です。基本的には1回のセッションにつき、テーマとなる標的スキルは1つとなりますが、1回きりではその獲得が難しいと予想される場合は、複数回同じ標的スキルを扱うセッションを設けることも有用です。

各セッションに参加する教員やスタッフは、可能であればあらかじめ複数名を確保しておくことが望まれます（特に初回において）。その際、事前に指導案を共有し、役割分担を確認するタイミングについても取り決めておくとよいでしょう。

4 プログラムの実施

各セッションは、本章第2節で紹介したコーチング法の手順に沿って進めていきます。また、具体的な実践例については第4章や第5章で示していますので、そちらをご参照ください。

5 プログラムの評価

SSTプログラムを進めていくうえでは、各セッションが意図したように児童生徒たちの学習につながっているか、標的スキルに関する理解や自信がどのように変容したか、そして実際の日常生活においてどのような影響をもたらしたかを評価することが重要です。これらの評価を行うことで、プログラムの改善点を探ることや、追加のプログラムを実施する必要性を確認することが可能となります。ここでは、いくつかの評価の観点を紹介します。

❶各セッションの評価

プログラム全体の効果を確認する前に、そもそも各セッションの実施の質がどのようなものであったかについて評価することが大切です（これを**プロセス評価**といいます）。各セッションが円滑に進行されなければ、計画したプログラム自体に問題がなくとも効果が見込めないといった事態が予想されるためです。また、セッションごとにその内容の適切さを振り返ることで、SSTプログラム全体の効果が「あった／なかった」という二分法的な結論に帰結することを防ぐことができます。

典型的には、セッションに参加した児童生徒にアンケートを配布し、セッションの内容に関する理解度や達成度について回答を求めるという手法が用いられます。たとえば、「今回学んだソーシャルスキルを理解できましたか」「今回学んだソーシャルスキルを実行することはできましたか」といった質問に対し、1～5点で回答してもらい、その集計結果をもって振り返るといった手続きがあります。

このほか、参加した教員同士でセッションを振り返ることが推奨されます。たとえば、標的スキルをわかりやすく提示できたか、セッション中の雰囲気は安心できるものであったか、事前にルールとして設定したほうがよいものはなかったかなどについて振り返り、改善点があれば次回のセッションに取り入れます。

❷プログラム全体の評価

プログラム全体が児童生徒にどのような効果をもたらしたのかを評価するためには、プログラム開始前後およびプログラム終了から数か月後(フォローアップ) のデータを比較することにより、中・長期的な変化を追う必要があります（これを**アウトカム評価**といいます)。たとえば、アセスメントの項でも紹介したソーシャルスキルの評価尺度であるHSSIを複数回実施し、それぞれの時点の得点を比較することで、個別の標的スキルの項目得点の変化だけでなく、ソーシャルスキル全体の合計得点の変化を評価することができます。

ただし、SST開始前にすでに得点が高い児童生徒に関しては、得点域の限界の問題で得点の伸びが認められにくいことが想定されます。したがって、学級全体の平均得点を比較する際にも、図２－７のようにSST開始前時点の得点に基づいてあらかじめグループを分けたうえで得点変化を調べる必要があるでしょう。HSSIの集計ツールである「ほっと」では、こ

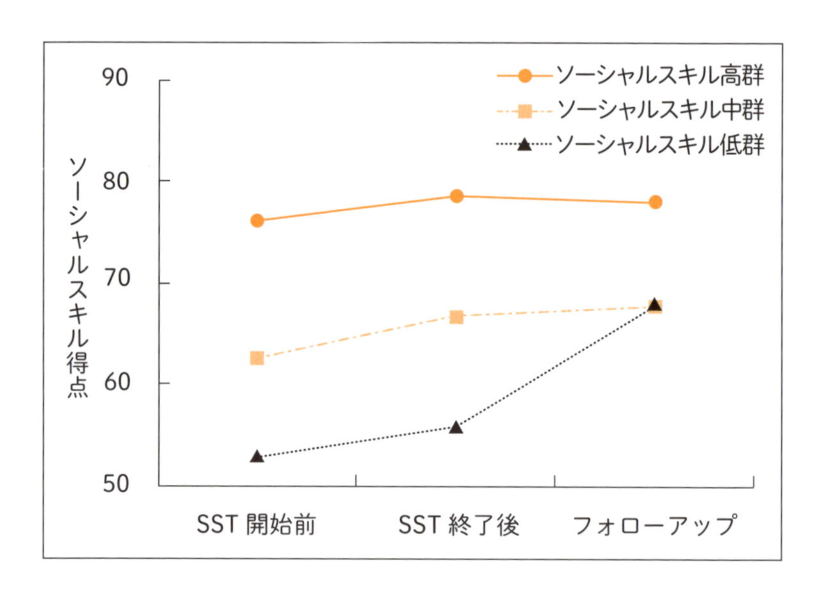

● 図２－７　ソーシャルスキル得点の推移を示したグラフ

のようなグループの振り分けと得点推移のグラフを自動で表示できるので、細かな作業の手間を省くことができます。具体的に何点変化すれば効果があったと判断できるかは難しい問題ですが、HSSIでは、教師から見た際に意味のある最小の変化を表す得点が参考値として示されているため[2)]（新川・冨家，2019）、学級規模に関係なく、対象集団のどのくらいの割合の児童生徒に効果をもたらしたかを推し量るうえで目安とすることができます。学級全体として一定の効果が認められたにもかかわらず、効果が認められない一部の児童生徒については、第３章で紹介する第２層支援の対象とすることができます。

❸日常生活への影響性の評価

ここまで、主にソーシャルスキルを中心とした変化を評価する方法を紹介してきましたが、最も大切なことは実際の日常生活にその変化が反映されるということです。**当初の課題意識と照らし合わせて、児童生徒の標的スキルに関連した振る舞いや人とのかかわり方にどのような変化が見られたかを観察することで、定量的なデータに表れないような変化を含めて総合的にプログラムの効果をとらえることが望ましいでしょう**。

たとえば、以前は誰かが発表した後に「聞こえませーん」と冷やかすような発言をしていた子が発表を「うんうん」と頷いて聞いていたり、グループワークであまり自分から意見を言わなかった子が「私はちょっと違う考えなんだけど……」と反対意見を述べていたりする場面が見られるかもしれません。このような様子をエピソードとして記録し、関係者間で積極的に共有することは、日常場面への般化に関する効果を評価するうえで役立ちます。

さらに、最終的に児童生徒本人がSSTプログラムで提示された目標を重要だと感じられたか、プログラムへの参加やホームワークの実行は過度の負担を強いるものでなかったか、プログラムを通して日常生活に満足のいく変化が見られたかなど、**本人主体の視点に基づく評価**も重要といえま

2) 合計得点に対して小学校低学年版では３点、小学校中学年版では５点、小学校高学年版では５点、中学校版では５点、高校版では６点以上の変化が目安とされます。

す。これらはアンケートなどで明らかになることもあれば、児童生徒との授業時間以外の何気ない会話のなかで語られることもあるでしょう。**プログラム自体は学級集団を対象としたものであっても、児童生徒一人ひとりが抱える困難やそれを克服しようとするプロセスに目を向けていくことが大切です**。

4 SSTの実施にあたっての工夫

SSTの一連の流れは、簡単にいえば「ソーシャルスキルを実行することの効果を学習者本人が実感する」ことを目的として設定されています。「コーチング法」という名称が示すように、本来、SSTの強みは学習者の特徴やペースに合わせて柔軟にトレーニング内容を調整できることにあります。しかしながら、個別で実施するSSTに比べて学級集団を対象として実施するSSTでは、プログラム進行の都合上、一人ひとりの標的スキルの獲得状況を把握しながらトレーニング内容を臨機応変に進めることが難しい構造になっています。そこで本節では、学級単位の集団SSTの実施にあたって、プログラムにうまくマッチしない子が出ることを防ぐために、さまざまな児童生徒の特徴に対応するための工夫を紹介していきます。

1 トレーニング場面での工夫

①標的スキルのポイントの細分化

児童生徒によっては、言語的教示において標的スキルとして示したポイントがわかりにくい子もいます。たとえば「あいさつをする」スキルのポイントのうち、「相手をしっかりと見る」という表現の「しっかり」という部分がわかりにくいこともあります。その場合、「顔を上げて」「相手のほうに体を向けて」「相手の顔を見て」などと、さらに細かい行動単位に分けて伝えることで、標的スキルのポイントの解像度を上げます。

②標的スキルのポイントの語呂合わせ

標的スキルのポイントは多くても数個ですが、日常場面ですぐにそれらのポイントすべてを思い出せるとは限りません。これに対して、標的スキルの各ポイントの頭文字に意味をもたせることで、より思い出しやすく親

あ　相手を見て	は　はっきりゆっくりと
い　いつも	な　中身をまとめて
う　うなずきながら	し　順番に
え　笑顔で	か　顔を見て
お　おしまいまで聴く	た　楽しく笑顔で話す

●図２－８　「上手な聴き方」と「上手な話し方」のポイント

しみのあるものにすることができます。藤枝（2011）は「上手な聴き方」と「上手な話し方」を教える際に、図２－８に示すような標語を用いています。

③標的スキルの選択肢を増やす

標的スキルの見本を示す際、それが唯一の正解でないことを強調したとしても、ロールプレイでは「自分ではない誰か」を演じてその子らしくない振る舞いを実行してしまうことも少なくありません。このことを防ぐには、あらかじめ複数のやり方を見本として示し、自分に合ったものを選んでもらうという方法があります。大対・松見（2010）は、感情制御のスキルとして、「じっと我慢する」「他のことを考える」「その場から離れて違うことをする」「お友だちが嬉しくなるような気持ちを示す」という選択肢から、最も行いやすいものを実行するように教示しています。

④問題場面を複数用意する

全員が同じ問題場面をロールプレイの題材として練習すると、前の人のやり方に引っ張られて、自分を試すというよりも単なる模倣としてのセリフ読みになる場合があります。その対策として、提示するロールプレイの問題場面をいくつか用意しておき、本人が選んだり、ランダムに「くじ引き」の要領で割り当てたりする手法が利用できます（図２－９）。

⑤実際の状況に近い環境を用意する

SSTのセッションは通常、教室で実施されるため、実際に標的スキルを

人のミスを自分のせいにされた	皆で決めたことに文句を言われた	手伝ったことを手柄にされた	連絡がなかったのに責められた
自分の好きなものをバカにされた	内緒にしてほしい話をばらされた	やりたくない作業を押しつけられた	話し合いの時間に参加してくれない

● 図2－9　「上手に抗議する」スキルの題材とする問題場面の例

実行する環境とはかなり違っている場合もあり、そのことが日常場面への般化を妨げている可能性があります。これはロールプレイという構造上の限界でもありますが、SSTを実施する物理的な環境や道具を実際の状況に近づけることが望ましいでしょう。たとえば「上手な断り方」を題材として、SNSですぐに返信できないときの対応について練習をする際、実際にタブレットを使用してメッセージのやり取りを行うなどの工夫が考えられます（図2－10）。

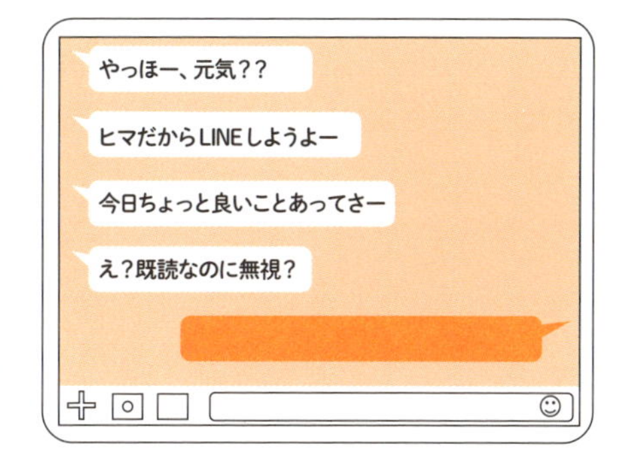

● 図2－10　SNS上のロールプレイ

2　日常場面での工夫

❶標的スキルの手がかりを掲示する

SSTのセッション内では標的スキルのポイントを見ながら実行することができますが、日常場面ではそうはいきません。しかし、ふだんの学校生活においてポイントを目にする機会を増やすことで、忘れにくくすることは可能です。例えば石川ら（2010）は、SSTの実施後に標的スキルのポイントを教室内に掲示したことに加え、ポイントが記載された下敷きを配布しています。

❷標的スキルの実行を称賛する

日常場面で標的スキルを適切に実行できたとしても、スキルを実行した相手の対応次第では必ずしもよい結果につながりません。その様子を教師など周囲の大人が見ていた場合は、しっかりとフォローし、標的スキルに関連した行動を褒めるとよいでしょう。また、第３章で紹介する「トークンエコノミーシステム」も有効と考えられます。

❸標的スキルを妨げる要因を取り去る

SSTで扱った適切なスキルを実行することよりも、不適切なスキルを実行するほうが簡単によい結果が得られるという環境では、標的スキルの実行を維持していくことは難しいでしょう。そのため、不適切なスキルに対しては、よい結果が得られにくくする工夫を施すことが重要です。大対・松見（2010）は、学級内で特定の児童が命令口調で働きかけた際に、相手がその要求に応じるという状況が確認されたことから、命令口調に屈しないための「上手な断り方」を先に指導してから、「上手な頼み方」を標的スキルとしてSSTを実施しています。

❹初めての行動にチャレンジする

ホームワークとして決められた標的スキルを実行する過程において、決まった相手に決まった形式で実行するだけでは、人とのかかわり方全般への波及効果は期待できませんので、予防的支援としての意義が薄れてしまうおそれがあります。したがって、ホームワークを課す際は、ふだんどおりの行動ではなく、あまりやってこなかった行動にチャレンジすることを強調するのがよいでしょう。小西（2016）は、「あたたかい言葉かけ」を標的スキルとしたSSTを実施した後、ホームワークとして「今まで言葉かけをしていない友だち」に対して「今までに使ったことがない言葉」で「あたたかい言葉かけ」を実行するように働きかけ、達成できた際には学級全体で共有し、称賛するという手続きを使用しています。

第２章のまとめ

本章では、すべての児童生徒に対する予防的支援（第１層支援）として、学級単位の集団SSTの原理や技法をはじめ、具体的なプログラムの進め方や工夫について解説しました。第１層支援という限られた文脈のなかでも、児童生徒一人ひとりの個性に応じてプログラムを調整する方法は豊富にあります。それでも十分に対応できない場合は、第３節で紹介する第２層支援によるアプローチを検討するようにしましょう。

引用文献

- Gresham, F. M., & Elliott, S. (1987) The relationship between adaptive behavior and social skills: Issues in definition and assessment. *Journal of Special Education*, 21, 167-181.
- McFall, R. M., & Lillesaud, D. B. (1971) Behavioral rehearsal with modeling and coaching in assertion training. *Journal of Abnormal Psychology*, 77, 313-323.
- Michelson, L., Sugai, D. P., Wood, R. P., & Kazdin, A. E. (1983) *Social skills assessment and training with children*. New York: Plenum.
- Stokes, T. F., & Baer, D. M. (1977) An implicit technology of generalization. *Journal of Applied Behavior Analysis*, 10, 349-367.
- Stokes, T. F., & Osnes, P. G. (1989) An operant pursuit of generalization. *Behavior Therapy*, 20, 337-355.
- 在原理沙・古澤裕美・堂谷知香子・田所健児・尾形明子・竹内博行・鈴木伸一（2009）小学校における集団社会的スキル訓練が対人的自己効力感と学校生活満足度に及ぼす影響．行動療法研究，35，177-188.
- 石川信一・岩永三智子・山下文大・佐藤寛・佐藤正二（2010）社会的スキル訓練による児童の抑うつ症状への長期的効果．教育心理学研究，58，372-384.
- 石川信一・肥田乃梨子・岸田広平・上田有果里・中西陽・金山裕望（2016）日本における子どもの認知行動療法の学術活動の動向に関する実証的検討―2004年世界認知行動療法学会（神戸）開催の前後の比較―．認知療法研究，９，34-43.
- 大対香奈子・松見淳子（2010）小学生に対する学級単位の社会的スキル訓練が社会的スキル，仲間からの受容，主観的学校適応感に及ぼす効果．行動療法研究，36，43-55.
- 小西一博（2016）あたたかい言葉かけの促進に向けた小学校での学級全体へのSSTの取り組み．教育カウンセリング研究，７，69-76.
- 坂野雄二（1995）社会的スキル訓練と認知行動療法．認知行動療法．日本評論社．125-136.
- 佐藤正二（2006）子どものSSTの考え方．佐藤正二・佐藤容子（編）学校におけるSST実践ガイド―子どもの対人スキル指導―．金剛出版．11-27.
- 佐藤寛・今城知子・戸ヶ崎泰子・石川信一・佐藤容子・佐藤正二（2009）教育心理学研究，57，111-123.
- 新川広樹・冨家直明（2015）児童生徒の学年・学校段階に応じたソーシャルスキル尺度の開発―学校現場におけるコミュニケーション教育への活用に向けて―．北海道医療大学心理学部研究紀要，11，1-25.
- 新川広樹・二瓶正登・金山裕望・冨家直明（2019）学級単位の集団ソーシャルスキル・トレーニングにおける般化促進方略―応用行動分析学の枠組みに基づく展望―．カウンセリング研究，52，57-71.
- 新川広樹・冨家直明（2019）児童生徒の学年・学校段階に応じたソーシャルスキル尺度の標準化―COSMINに基づく信頼性・妥当性の検証―．カウンセリング研究，52，57-71.
- 高橋史・小関俊祐（2011）日本の子どもを対象とした学級単位の社会的スキル訓練の効果―メタ分析による展望―．行動療法研究，37，183-194.
- 藤枝静暁（2011）夏休みと冬休みにおける児童を対象とした家庭でのソーシャルスキル・トレーニングの実践研究．カウンセリング研究，44，313-322.
- 渡辺弥生（1996）ソーシャル・スキル・トレーニング（SST）．日本文化科学社.

第3章

特定の児童生徒に対するSST

第2層支援

Introduction

本章は、特定の児童生徒に対するSST（第２層支援）について説明します。具体的には、「どのような児童生徒が対象になるのか」「対象となる児童生徒がソーシャルスキルを実行していない理由は何か」「その理由をどのように把握するのか」「その理由に応じた支援方法はどのようなものか」について、順を追って説明します。本章は、特に、以下のような課題意識をもつ方にとって、その解決につながる情報を提供できると考えます。

課題意識①

対人関係上のトラブルが絶えない児童生徒に対して、「ソーシャルスキルの知識や技術が獲得できていない」と判断し、「ソーシャルスキルを教え込む」支援を行っている。しかし、想定していたような効果を感じない場合がある。

課題意識②

SSTにゲーム活動を取り入れており、児童生徒は楽しく参加している。しかし、児童生徒がソーシャルスキルを獲得することに想定より時間がかかったり、練習相手や練習場面以外の人や場面で児童生徒がソーシャルスキルを実行することが少なかったりする。

課題意識③

主に、個別や小集団といった指導形態（例：通級による指導や特別支援学級など）でSSTを実施している。しかし、教えたソーシャルスキルを実行してほしい場面（例:通常の学級など）と連携する際に、何に焦点を当てて連携すればよいのか悩むことがある。

1 第2層支援の対象

1 対象となる児童生徒

第２層支援の対象となる児童生徒は、すべての児童生徒を対象としたSST（第１層支援）を実施したものの、標的としたソーシャルスキル（以下、標的スキル）を実行することに課題が指摘された児童生徒です。ここでいう課題とは、「標的スキルを実行してほしい場面で標的スキルを実行していない状態」を指します。つまり、**発達障害などの診断がある児童生徒や、特別支援学級での指導や通級による指導を受けている児童生徒が、自動的に第２層支援の対象になるわけではありません**。あくまで第２層支援の対象となる児童生徒は、第１層支援を経て、標的スキルに課題が指摘されたすべての児童生徒です。

2 児童生徒の決定プロセス

❶指標の活用

児童生徒の標的スキルに課題があるか否かは、定量的指標と定性的指標に基づいて評価します。以下、定量的指標と定性的指標について、具体例をあげて説明します。

定量的指標として、標的スキルに関するアンケートや行動観察、生徒指導上の記録、遅刻・欠席の回数、保健室の来室回数などがあげられます。標的スキルに関するアンケートは、たとえば、第１層支援の標的スキルが「あたたかい言葉かけ」であった場合、「友だちのよいところを褒めていますか」や「失敗した友だちを励ましたりなぐさめたりしていますか」といったアンケートを児童生徒に行い、その結果を参考にします。また、第２章で紹介している「Hokkaido Social Skills Inventory（HSSI）」（新川・冨家, 2019）のように多様なソーシャルスキルについて評価するアンケートの活用によって、標的スキルはもちろん、それ以外のソーシャルスキルについても参考となるデータを収集することができます。標的スキルに関する行動観察は、教員が児童生徒に標的スキルを実行してほしい場面において（例：授業中のグループ活動や休み時間など）、児童生徒が標的スキルを実行しているか否かを観察・記録します。

一方、生徒指導上の記録や遅刻・欠席の回数、保健室の来室回数は、標的スキルと直接関係していません。しかし、どの指標も、児童生徒が標的スキルを実行することで、間接的に減少する可能性がある指標です。たとえば、第1層支援が「相手の気持ちを考えて接する」を標的スキルとして行われた場合、対人関係上のトラブルのような生徒指導上の記録は減少することが期待されます。また、第1層支援によって児童生徒の標的スキルの実行回数が増加することで、児童生徒の学校適応が高まり、遅刻・欠席の回数や保健室の来室回数の減少が期待できます。このような間接的に影響を受ける指標は、ほとんどの学校で日頃から収集されていることから、教員の負担を増やすことなく、活用できます。

定性的指標として、教員の所感や児童生徒の感想などがあげられます。教員の所感は、日ごろから児童生徒にかかわっている教員から、児童生徒の標的スキルや対人関係上のトラブルに関する情報を収集します。児童生徒の感想は、第1層支援や標的スキルに関する児童生徒の感想を尋ねる機会を設け、標的スキルの実行に関して困っている児童生徒の情報を収集し

ます。また、児童生徒に感想を尋ねる際に、「標的スキルをさらに学びたい」といった意向を示す児童生徒もおり、その理由を把握することも対象となる児童生徒を選出するうえで有益です。

以上のような定量的指標と定性的指標に基づき、対象となる児童生徒を選出します。この際、特定の指標を絶対視することなく、児童生徒を多面的かつ総合的に評価することが重要です。また、**児童生徒に「多数派（マジョリティ）にとっての『ふつう』を押し付けていないか？」（第１章参照）といった観点で評価結果を見直すことも必要になります**。

❷選出会議

対象となる児童生徒を選出する会議は、学校全体で実施する場合と学年単位で実施する場合があります。学校全体で実施する場合には、管理職や教務主任、学年主任、特別支援教育コーディネーター、生徒指導主事、養護教諭などが参加します。この場合、学年主任は、学年の教員から選出に必要な情報を収集したうえで、会議に臨むことになります。このように、多様な関係者が会議に参加することで、児童生徒の実態を広く把握しやすくなり、必要に応じて第１層支援のさらなる充実を図ることも容易になります。

学年単位で実施する場合には、基本的に学年主任や学年の教員が参加します。ただし、必要に応じて、特別支援教育コーディネーターや生徒指導主事、養護教諭に参加を要請するとよいでしょう。

❸児童生徒の意向確認

教員は、対象となる児童生徒の選出が済み次第、その児童生徒に第２層支援の意義を説明し、参加に関する同意を得ます。**児童生徒が標的スキルを実行していない状態について、「社会モデル」（第１章参照）に基づくと、児童生徒にとって標的スキルを獲得しづらい環境や実行しづらい環境があると理解できます**。よって、児童生徒に対して、より適切な環境を提供するための支援であることを説明しましょう。

また、この説明については、学級担任に限らず、児童生徒と良好な関係を築いている教員が行います。これによって、児童生徒の第２層支援に関する理解が促され、スムーズな支援に繋がりやすくなります。

2 欠如タイプに応じた支援の概要

1 児童生徒がソーシャルスキルを実行していない理由

Gresham（2002）によると、児童生徒がソーシャルスキルを実行していない理由（以下、欠如タイプ）には、「獲得欠如タイプ」と「実行欠如タイプ」があります。各欠如タイプに関する説明は以下のとおりです。

①獲得欠如タイプ（acquisition deficit）

児童生徒がソーシャルスキルに関する知識や技術を獲得していないため、実行していない。

②実行欠如タイプ（performance deficit）

児童生徒がソーシャルスキルに関する知識や技術を獲得しているものの、実行する場面において発する言葉や相手に伝わりやすくなるポイントを即座に想起できないため、実行していない。また、実行したとしても、児童生徒の期待した反応が返ってくるなどのポジティブな経験を積んでいないため、実行しなくなる。

教員の視点に立つと、獲得欠如タイプはソーシャルスキルを「できない（“Can’t do”）」、実行欠如タイプはソーシャルスキルを「やらない（“Won’t do”）」と説明できます（Gresham et al., 2006）。また、児童生徒に実行していないソーシャルスキルがいくつかある場合、各ソーシャルスキルの欠如タイプがそれぞれ異なる可能性があることに留意しましょう。たとえば、Aさんの「あたたかい言葉かけ」は獲得欠如タイプですが、「相手の気持ちを考えて接する」は実行欠如タイプである場合があります。つまり、

欠如タイプは、教員にとって、児童生徒をどちらかのタイプにラベリングするものではなく、特定のソーシャルスキルが実行されていない理由の理解を促し、必要な支援を計画することに役立ちます。

2 ソーシャルスキルの欠如タイプに応じた支援の考え方

❶ソーシャルスキルの欠如タイプに応じた支援の概要

各欠如タイプのソーシャルスキルに必要な支援内容の概要は、以下のとおりです（Gresham, 2002）。具体的な支援方法については、「4　獲得欠如タイプのソーシャルスキルに対する支援方法」（p.75）および「5　遂行欠如タイプのソーシャルスキルに対する支援方法」（p.83）で後述します。

①獲得欠如タイプに必要な支援内容

- 教示（具体的な説明）
- モデリング（お手本の提示）
- 行動リハーサル（練習）
- フィードバック（承認や助言）

②実行欠如タイプに必要な支援内容

ソーシャルスキルを実行していない場面における

- 手がかりの提示
- ポジティブな経験の蓄積

各欠如タイプのソーシャルスキルに必要な支援内容は異なります。本章の冒頭に紹介した課題意識①（次項のとおり）では、対人関係上のトラブルが絶えない児童生徒に対して、欠如タイプを考慮することなく、獲得欠如タイプのソーシャルスキルに対する支援を実施しています。そのため、児童生徒のソーシャルスキルの欠如タイプが実行欠如タイプであった場合、支援の効果が得られていないと考えられます。

課題意識①

対人関係上のトラブルが絶えない児童生徒に対して、「ソーシャルスキルの知識や技術が獲得できていない」と判断し、「ソーシャルスキルを教え込む」支援を行っている。しかし、想定していたような効果を感じない場合がある。

ソーシャルスキルの欠如タイプに応じた支援の有効性は、明らかにされています。たとえば、半田・野呂（2021）は、前項で示したGresham（2002）の支援内容を参考にして、小学校において、ソーシャルスキルの欠如タイプに応じた支援の効果を検証しています。対象となった児童は、通常の学級において、標的スキルに課題が指摘された自閉症スペクトラムのある児童２名でした。支援の結果、標的スキルの欠如タイプが「獲得欠如タイプ」と評価された児童には、標的スキルに関する知識や技術の獲得を促す支援が有効でした。一方、欠如タイプが「実行欠如[1]タイプ」と評価された児童には、通常の学級において、標的スキルの実行に関する手がかりやポジティブな経験をもたらす支援が有効でした。また、欠如タイプが「実行欠如タイプ」と評価された児童に対して、「獲得欠如タイプ」に有効であった支援（標的スキルに関する知識や技術の獲得を促す支援）は、効果をもたらしませんでした。このように、**ソーシャルスキルの欠如タイプに応じた支援を実施することが、児童生徒が抱えるソーシャルスキルの課題を解決することにつながります**。

❷第２層支援のフローチャート

以上を踏まえ、第２層支援では、第１層支援の結果、標的スキルを実行することに課題が指摘された児童生徒に対して、標的スキルの欠如タイプに応じた支援を実施します。図３－１は、標的スキルの欠如タイプに応じ

1）半田・野呂（2021）および半田（2019）では「遂行欠如」と表記しています。本書では、文言を統一するため、「実行欠如」と表記しています。

た支援のフローチャートを示しています。フローチャートの要素は、大きく２つに分けられます。一方は標的スキルの欠如タイプの評価、他方は標的スキルの支援です。このフローチャートによって、児童生徒の標的スキルの欠如タイプを評価し、それに応じた支援を実施できます。

フローチャートの留意点として、標的スキルが獲得欠如タイプと評価された場合への支援を行った後に、標的スキルを実行しているか否かによって、標的スキルが実行欠如タイプと評価された場合への支援を行っていることがあげられます。これは、児童生徒が、支援によって標的スキルの知識や技術を獲得したとしても、標的スキルを実行していない場面における手がかりやポジティブな経験が不足していれば、標的スキルを実行しないと考えられるためです。

対象となる児童生徒が決まれば、フローチャートに基づいて支援を計画しましょう。支援形態は、個別でも小集団でも構いません。ニーズが重なる児童生徒に対しては、児童生徒の意向を確認したうえで、合同での支援を計画するとよいでしょう。これにより、児童生徒は、標的スキルの練習相手や練習場面が多様になることで、練習相手や練習場面以外の人や場面で標的スキルを実行しやすくなります。また、教員の人的・時間的コストを軽減させることにもつながります。フローチャートの各要素の詳細は、後節で説明します。

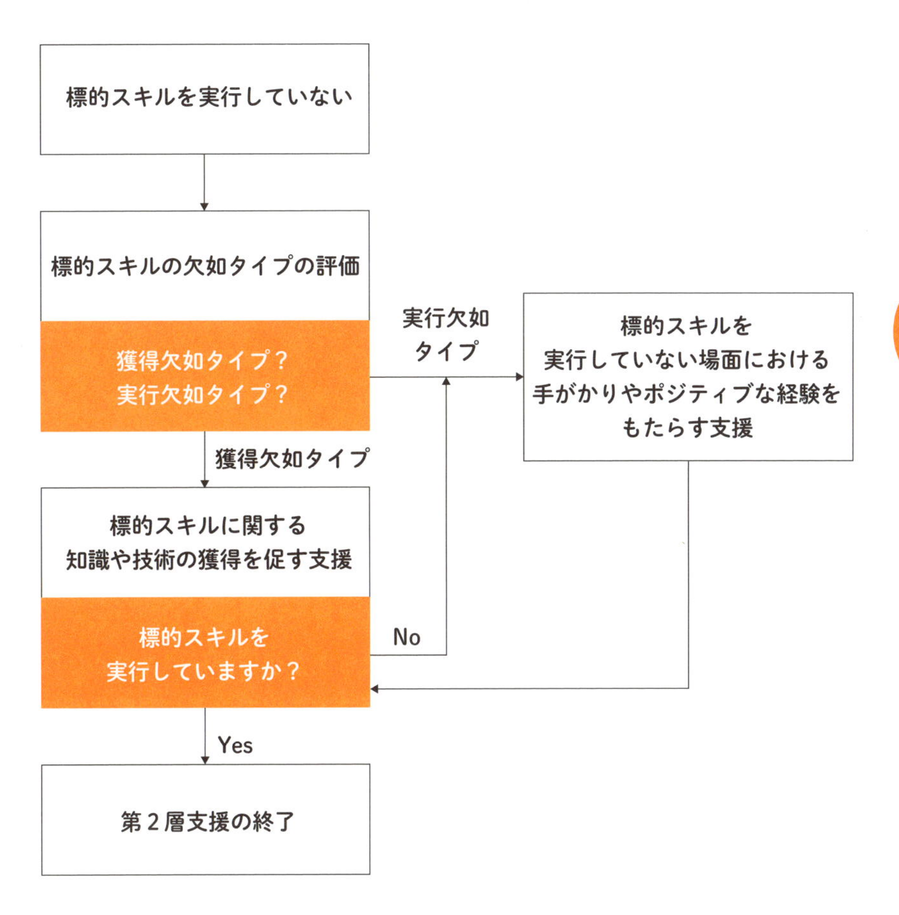

● 図３－１　標的スキルの欠如タイプに応じた支援のフローチャート（半田，2019より改変）

3 欠如タイプの評価

1 評価の観点

前節で述べたとおり、標的スキルの欠如タイプには「獲得欠如タイプ」と「実行欠如タイプ」があります。獲得欠如タイプの標的スキルは、児童生徒が標的スキルに関する知識や技術を獲得していないため、実行されていません。一方、実行欠如タイプの標的スキルは、児童生徒が標的スキルに関する知識や技術を獲得しているものの、実行場面において手がかりやポジティブな経験が不足しているため、実行されていません。

これらのことから、**第２層支援の対象となる児童生徒が標的スキルに関する知識や技術を獲得しているか否かを評価することで、その児童生徒の標的スキルの欠如タイプを明らかにすることができると考えられます**。つまり、児童生徒が、標的スキルに関する知識や技術を獲得していなければ「獲得欠如タイプ」と評価します。一方、児童生徒が、標的スキルに関する知識や技術を獲得していれば「実行欠如タイプ」と評価します。本節は、児童生徒が標的スキルに関する知識や技術を獲得しているか否かを評価する方法として「面接法」と「行動観察法」を紹介します。

2 評価方法

❶面接法

面接法について、教員は、児童生徒に対して、標的スキルに関する知識や技術を質問し、情報収集を行います。評価対象となる標的スキルに関する知識や技術とは、「言葉」「状況」「期待される結果」「相手に伝わりやすくなるポイント（例：相手に聞こえる声の大きさで言う、相手の注目が向

いているときに言う、相手の顔を見ながら言うなど)」などがあげられます。たとえば、友だちのよいところを褒めたり失敗した友だちを励ましたりする「あたたかい言葉かけ」について児童生徒に質問する場合、「あたたかい言葉かけとはどのような言葉ですか」「どのような場面であたたかい言葉かけを用いますか」「言葉をかけると相手はどのような気持ちになりますか」「言葉をかける際に相手に伝わりやすくなるポイントとしてどのようなものがありますか」のような質問をします。

また、面接法は、標的スキルに関する知識や技術だけでなく、児童生徒が標的スキルを実行するうえで困っている点について、情報収集ができます。たとえば、「標的スキルを実行する際に言葉やポイントがすぐに出てこない」や「標的スキルを実行したとしても『やってよかった』と感じるような経験が少ない」といった情報です。これらの情報は、児童生徒が標的スキルに関する知識や技術を獲得していた場合、手がかりやポジティブな経験をどのように提供すればよいか、つまり「実行欠如タイプ」に対する支援方法を計画するうえで有益な情報となります。

面接法のメリットとして、実施に要する人的・時間的コストが、行動観察法と比べて低いことがあげられます。また、児童生徒の回答に応じて、柔軟に質問を変更したり付け加えたりすることで、上述したように、標的スキルに関するさまざまな情報を収集できます。ただし、面接法は、標的スキルに関する知識の評価は得意ですが、標的スキルに関する技術の評価にはあまり向いていません。

❷行動観察法

行動観察法について、教員は、児童生徒が標的スキルを実行する場面を観察し、標的スキルに関する知識や技術を評価します。評価対象となる標的スキルに関する知識や技術は、「状況に応じた言葉かけの有無」「言葉をかける際の声の大きさやタイミング、視線の適切性」などがあげられます。

観察する場面には、「ロールプレイ場面」と「自然な場面」があります。ロールプレイ場面とは、児童生徒が教員や他の児童生徒に標的スキルを実行する状況を設定した場面のことです。たとえば、「あたたかい言葉かけ」という標的スキルに関するロールプレイ場面を次のように設定し、児童生徒が役を演じます。

ロールプレイ場面の例

- **あたたかい言葉をかける役：児童生徒**
- **落ち込んでいるチームメイト役：教員**

サッカーチームのチームメイトが、試合中に失敗して、ハーフタイムの時間に落ち込んでいます。あなたは、あたたかい言葉をかけるとしたら、どのような言葉をかけますか？　実際にあたたかい言葉をかけてみましょう。

教員は、役を演じる児童生徒が、あたたかい言葉かけを実行する様子を観察します。具体的には、児童生徒が「励ます言葉かけを行っているか」「声の大きさは聞き取りやすいものか」「言葉をかけるタイミングは伝わりやすいものか」「視線を相手に向けていたか」などを評価します。ロールプレイ場面では、児童生徒が実際に標的スキルを実行する機会がありそうな状況を設定することで、児童生徒の日常に近い様子を観察できます。

自然な場面とは、授業や休み時間、教室や校庭のような、教員が児童生徒に標的スキルを実行してほしい場面のことです。たとえば、「相手の意見を尊重しつつ自分の意見を主張する」という標的スキルに関する自然な場面として、授業中のグループワークや休み時間に遊びを話し合う場面に

おいて、児童生徒の様子を観察します。

ロールプレイ場面での観察は、標的スキルを意図的に引き出すことから、自然な場面での観察と比べ、観察にかかる時間を軽減でき、効率的に情報を収集できます（金山・佐藤・前田，2004；岡安，2006）。これは、生起頻度が低い標的スキルについて評価する際に特に有効です（Olympia, Heathfield, Jenson, & Clark, 2002）。一方、岡安（2006）も指摘しているとおり、ロールプレイ場面は、児童生徒が標的スキルを実行している自然な様子を反映しているわけではありません。また、自然な場面での観察は、児童生徒が標的スキルを実行する場面において、実行に関する手がかりやポジティブな経験が不足していることも評価できるため、「実行欠如タイプ」に対する支援方法の計画に役立つ情報も収集可能です。以上のように、行動観察法は、ロールプレイ場面と自然な場面それぞれの特徴を踏まえて実施し、ときにはこれらを組み合わせることで、児童生徒の標的スキルに関する知識や技術を評価できます。

行動観察法は、児童生徒が標的スキルを実行する様子を観察することから、面接法と比べ、標的スキルに関する技術を評価しやすいことがメリットとしてあげられます。また、会話でのやりとりが得意でない児童生徒（例：言語発達がゆっくりである児童生徒や自閉症スペクトラムのある児童生徒、場面緘黙のある児童生徒など）の標的スキルについて評価する場合にも適しています。ただし、行動観察法は、面接法と比べ、実施に要するコストが高いことも指摘されます。

③第３節のまとめ

本節では、児童生徒の標的スキルの欠如タイプを評価する方法として、面接法と行動観察法を紹介しました。これらの評価方法は、標的スキルの内容や実行されやすい場面、児童生徒と教員の関係性によって選択されます。ただし、前述のとおり、各評価方法から収集される情報には違いがあり、各評価方法にメリットとデメリットがあります。そのため、これらの評価方法を組み合わせることで、児童生徒の標的スキルの欠如タイプに関して、妥当性の高い評価が可能になります。

4 獲得欠如タイプのソーシャルスキルに対する支援方法

1 支援の概要

獲得欠如タイプの標的スキルは、児童生徒がその知識や技術を獲得していないため、実行されていません。そのため、児童生徒に対して、標的スキルに関する知識や技術の獲得を促す支援が有効です。具体的な支援内容として、第２節で述べたとおり、Gresham（2002）は、「教示」「モデリング」「行動リハーサル」「フィードバック」をあげています。

教示は、教員が、児童生徒に標的スキルに関する具体的な説明を行うことです。教示の内容として、「今からどのようなソーシャルスキルを学ぶのか」「そのソーシャルスキルはどのような場面で用いるのか」「そのソーシャルスキルを実行することで相手や自身にどのような結果が得られるのか」などがあげられます。また、「標的スキルが相手に伝わりやすくなるポイント」についても説明します。このポイントとして、たとえば、「相手に聞こえる声の大きさで言う」「相手の注目が向いているときに言う」「相手の顔を見ながら言う」などがあげられます。ただし、これらのポイント

を守らなければ、標的スキルが相手に伝わらないというわけではありません。相手の顔を見つめることや大きな声を出すことに苦手さを抱える児童生徒もいます。これらの「ちがい」（第１章参照）を踏まえ、児童生徒それぞれの実態に応じたポイントを検討しましょう。

モデリングは、児童生徒が、教員や他の児童生徒による標的スキルの実行（お手本）を観察して、その標的スキルを学習することです。教員や他の児童生徒は、お手本を示す際、標的スキルを実行したことで、期待される結果が得られる姿まで示します。たとえば、「物の貸し借り」を標的スキルとした場合、「貸して」と言った結果、相手が物を貸してくれる姿まで示します。そうすることで、児童生徒は、標的スキルによって期待される結果を理解しやすくなります。また、児童生徒には、「標的スキルが相手に伝わりやすくなるポイントを実行できているか」という視点でも観察するよう説明することで、ポイントの理解が促されます。

行動リハーサルは、児童生徒が標的スキルを繰り返し練習することです。練習する状況として、「ロールプレイ」や「ゲーム活動」があります。ロールプレイは、児童生徒が教員や他の児童生徒に標的スキルを実行する状況を設定し、標的スキルの練習を行います。たとえば、「物の貸し借り」を標的スキルとした場合、次のようなロールプレイ場面を設定し、児童生徒は役を演じるなかで標的スキルを繰り返し練習します。

ロールプレイ場面の例

・赤色の色鉛筆を借りたい役：児童生徒
・赤色の色鉛筆を使っている役：他の児童生徒

あなたは赤色の色鉛筆を使いたいと思っていますが、友だちが赤色の色鉛筆をすでに使っています。あなたは、赤色の色鉛筆を借りるために、友だちに「貸して」と言います。この際、友だちの名前を呼び、友だちの注目が向いているときに言うと、言葉が伝わりやすくなります。また、友だちに聞こえる声の大きさで、顔を見ながら言うことも、伝わりやすくなるポイントです。さあ、やってみましょう。

ゲーム活動は、児童生徒が標的スキルを実行することで活動が進行する状況を設定し、標的スキルの練習を行います。ゲーム活動は、ロールプレイと比べ、児童生徒間のやりとりが構造化されていないため、日常生活により近い状況をつくりやすいと考えられます。また、行動リハーサルにゲーム活動を用いることで、児童の意欲を低下させずにソーシャルスキルを繰り返し練習できることも指摘されています（吉田・井上，2008）。ゲーム活動の詳細については後述します。

フィードバックとは、児童生徒が実行した標的スキルに対して、教員や他の児童生徒が承認や助言を行うことです。つまり、「よかった点」や「もっとよくなる点」を児童生徒に伝えます。たとえば、「今の声かけ、とても上手だったね。声の大きさもちょうどよかったよ」や「次は名前を呼んでから言うと、さらに伝わりやすいと思うよ」などです。これらのフィードバックは、上述した行動リハーサルの際に実施します。

以上の支援内容が、標的スキルの欠如タイプが獲得欠如タイプである児童生徒を対象とした支援の概要です。一方、第２層支援の対象となる児童生徒は、学級集団に対するSST（第１層支援）により、標的スキルについて学んだ経験があります。しかし、**標的スキルの欠如タイプを獲得欠如タイプと評価されたということから、児童生徒は、学級集団のような大人数**

を対象とした教示やモデリング、行動リハーサル、フィードバックだけでは標的スキルに関する知識や技術を獲得できなかったと考えられます。そのため、**第２層支援の対象となる児童生徒には、標的スキルに関する個別的で集中的な支援が必要です**。本節では、「教示とモデリングに関する工夫」と「行動リハーサルとフィードバックに関する工夫」を紹介します。

2 教示とモデリングに関する工夫

❶ルールの設定

支援を開始する前に、児童生徒が安心して支援を受けられるようルールを設定するとよいでしょう。このルールは、児童生徒の実態によって異なることから、児童生徒と教員が話しあって決定します。たとえば、「心配や不安を感じた際は教員にすぐに伝える」「他者の発言を最後まで聞く」「他者の意見を尊重する」「他者と異なる意見を述べる際は優しい言葉を使う」などのルールがあげられます。特に、複数の児童生徒が一緒に支援を受ける場合、児童生徒間でフィードバックしあう機会もあるため、このようなルールを事前に設定しておくことが安心できる場の提供につながります。教員は、ルールについて、毎回の支援開始時に確認したり、一覧表にしたものを児童生徒が見える場所に掲示したりしましょう。

❷視覚教材の活用

教示を行う際には、言葉による説明に加え、視覚教材を活用すると、児童生徒の標的スキルに関する理解が促されやすくなります。たとえば、「物の貸し借り」を標的スキルとした場合、図３－２のような紙芝居を用いることで、「標的スキル」「実行場面」「得られる結果」がわかりやすくなります。他にも「標的スキルが相手に伝わりやすくなるポイント」について、言葉やイラストによって一覧表にしたものを掲示することで、児童生徒がポイントを理解しやすくなります。また、支援全体を通して掲示することで、児童生徒がポイントを自ら確認できるようになります。

● 図3－2　紙芝居の例

❸ビデオモデリングの活用

ビデオモデリングとは、児童生徒に対して、教員や他の児童生徒が標的スキルを実行する様子を撮影したビデオを見せることで、標的スキルの学習を促す手続きです。Charlop-Christy, Le, & Freeman（2000）は、自閉症スペクトラムのある児童を対象に、目の前で実演されたお手本を観察する「通常のモデリング」と、お手本のビデオを観察する「ビデオモデリ

ング」の効果を比較検証しています。その結果、ビデオモデリングは、通常のモデリングと比べ、児童のソーシャルスキルの獲得が早く、練習相手や練習場面以外の人や場面で児童がソーシャルスキルを実行しやすかったことを報告しています。ビデオモデリングの利点は、映像の停止によって注目するモデルが観察しやすくなることや、児童生徒の好みの画像や映像の追加によって教材の個別化が図れることです（西田・山本・井澤, 2020；石塚・石川・山本・野呂, 2021）。ビデオモデリングを用いたSSTの実践例は、石塚ら（2021）や半田・平嶋・野呂（2014）の論文を確認すると、撮影するビデオの内容やその説明方法がイメージしやすいと思います。

3 行動リハーサルとフィードバックに関する工夫

❶ゲーム活動の活用

ゲーム活動は、児童生徒が標的スキルを実行することで活動が進行する状況を設定します。たとえば、半田（2014）は、発達障害のある児童への「物の貸し借り」を標的スキルとしたSSTにおいて、行動リハーサルに「借り物ゲーム」というゲーム活動を行っています。この借り物ゲームでは、児童が２～３名のグループに分かれ、工作を行います。ただし、のりやはさみなどの道具は、グループに１つしか準備されていません。その

ため、児童は、グループ内でこれらの道具を貸し借りしながら、工作を進めていきます。ほかにも、吉田・井上（2008）は、自閉症スペクトラムのある児童を対象としたSSTにおいて、行動リハーサルに「すごろく」を行っています。このすごろくのルールとして、児童は、コマが特定のマス目に止まると、標的スキルに関するお題が書かれたカードを引き、標的スキルを実行することで勝敗にかかわるポイントを与えられます。お題の例として、「待ち合わせに遅れてしまったとき、友だちに『遅れてごめんね』と言う」や「友だちが成功したときに拍手する」などがあげられています。

いくつかの先行研究は、ゲーム活動を活用したSSTが、児童生徒の標的スキルの獲得や、練習相手や練習場面以外の人や場面での実行（般化）、支援終了後の実行（維持）をもたらすことを明らかにしています（例：岡田・後藤・上野，2005；吉田・井上，2008など）。一方、本章の冒頭に紹介した課題意識②（下記のとおり）では、ゲーム活動を活用しているものの、児童生徒が標的スキルの獲得に長い時間を要することや、練習相手・練習場面以外の人・場面における標的スキルの実行が少ないことが指摘されています。

課題意識②

SSTにゲーム活動を取り入れており、児童生徒は楽しく参加している。しかし、児童生徒がソーシャルスキルを獲得することに想定より時間がかかったり、練習相手や練習場面以外の人や場面で児童生徒がソーシャルスキルを実行することが少なかったりする。

先述した具体例からもわかるように、行動リハーサルにゲーム活動を活用することの意義は、児童生徒にとって、標的スキルが実行されやすい状況が設定され、主体的に標的スキルを練習できることです。たんに、ゲーム活動を活用することが重要なわけではありません。そのため、効果を感じられない場合には、「ゲーム活動が児童生徒の標的スキルを引き出し、練習しやすいものになっているか」否かについて確認するとよいでしょう。

❷具体的なフィードバックの活用

児童生徒の標的スキルに対するフィードバックは、具体的な内容にしましょう。具体的なフィードバックによって、児童生徒は、実行した標的スキルの「何がよかったのか」や「何をすればもっとよくなるのか」がわかりやすくなります。たとえば、「よかった点」を伝える場合、「上手だね」だけでなく、「相手に聞き取りやすい声の大きさだったね」や「相手の注目を引いてから声かけができたね」のような言葉をかけます。また、「もっとよくなる点」に関しても、「それじゃ伝わらないよ」では児童生徒がどうすればよいのかわかりにくいので、「物を借りたいときには『何を貸して欲しいのか』も言えると、相手がわかりやすいね」などのように伝えます。このようなフィードバックによって、学級集団のような大人数を対象としたSSTで標的スキルに関する知識や技術を獲得できなかった児童生徒は、自身の標的スキルの実行を振り返りやすくなると考えられます。

5 遂行欠如タイプのソーシャルスキルに対する支援方法

1 支援の概要

遂行欠如タイプの標的スキルは、児童生徒がその知識や技術を獲得しているものの、実行する場面において発する言葉や相手に伝わりやすくなるポイントを即座に想起できないため、実行されていません。また、実行されたとしても、児童生徒の期待した反応が返ってくるなどのポジティブな経験を積んでいないため、実行されなくなります。そのため、児童生徒が標的スキルを実行していない場面において、標的スキルに関する手がかりやポジティブな経験をもたらす支援が有効です。具体的な支援内容として、第2節で述べたとおり、Gresham（2002）は、「手がかりの提示」と「ポジティブな経験の蓄積」をあげています。

手がかりの提示とは、児童生徒に対して、教員や同じ学級の児童生徒が標的スキルの実行に関する手がかりを与えることです。手がかりの内容には、標的スキルに関する「言葉」「相手に伝わりやすくなるポイント」「タイミング」などがあります。たとえば、児童生徒がグループに入れずにい

る状況があった場合、教員は、児童生徒に対して、「仲間に入るときは何と言えばよいのかな」や「グループのみんなに聞こえる声の大きさで言うと伝わりやすいね」「グループの会話が途切れたときに言ってごらん」のように声をかけます。

また、手がかりの種類として、「何と言えばよいのかな」のような間接的な表現もあれば、「『仲間に入れて』と言ってみよう」のような直接的な表現もあります。さらに、手がかりの種類には、言葉だけでなく、絵カードや写真のような視覚教材、指さし、お手本（モデル）などがあります。

ポジティブな経験の蓄積とは、児童生徒に対して、教員や学級の児童生徒が標的スキルの実行に対するポジティブな経験をもたらすことです。ポジティブな経験には、２種類あります。１つは、児童生徒が標的スキルを実行することで、期待した反応が返ってくるという経験です。たとえば、「上手な断り方」が標的スキルであった場合、児童生徒が他の児童生徒の「放課後に公園で遊ぼう」という誘いを断った際に、断られた児童生徒が「わかった。また今度遊ぼう」のようにスムーズに誘いを取り下げてくれる経験です。もう１つの経験は、児童生徒が標的スキルを実行したことに対して、「認められた」「褒められた」という経験です。たとえば、「上手な断り方」が標的スキルであった場合、児童生徒が他の児童生徒からの誘いを断った際に、教員から「相手を傷つけないように言葉を選んで断ることができたね」と声をかけられる経験です。

児童生徒が標的スキルを実行していない場面において、標的スキルに関する手がかりやポジティブな経験を増やすためには、教員や学級の児童生徒が、「手がかりの提示」「標的スキルに期待される反応」「標的スキルに対する承認や称賛」をもたらす必要があります。**これらの手がかりやポジティブな経験は、児童生徒が標的スキルをどの程度実行しているかという実態に応じて、変更したり増減したりしましょう**。

本章の冒頭に紹介した課題意識③（次項のとおり）は、児童生徒に標的スキルを実行してほしい場面における連携についての悩みです。これまでの内容を踏まえると、**児童生徒に標的スキルを実行してほしい場面において、教員や学級の児童生徒が、手がかりやポジティブな経験をもたらすよ**

う働きかけることが重要です。本節では、「学級集団に対する支援の工夫」と「個別・小集団に対する支援の工夫」を紹介します。

課題意識③

主に、個別や小集団といった指導形態（例：通級による指導や特別支援学級など）でSSTを実施している。しかし、教えたソーシャルスキルを実行してほしい場面（例:通常の学級など）と連携する際に、何に焦点を当てて連携すればよいのか悩むことがある。

2 学級集団に対する支援の工夫

❶追加のSSTの実施

児童生徒が在籍する（交流する）学級集団には、標的スキルに関するSSTが、第1層支援として実施されています。一方、学級の児童生徒が、児童生徒間で標的スキルに対する手がかりやポジティブな経験をもたらしていない場合には、学級集団に対して追加のSSTを実施するとよいでしょう。追加のSSTでは、「教示」「モデリング」「行動リハーサル」「フィードバック」を通して、標的スキルに関する知識や技術を確認・練習します。学級の児童生徒が標的スキルについて学び直すことで、児童生徒には、標的スキルに対する手がかりやポジティブな経験が増えると考えられます。

また、第１層支援を実施していることから、学級の児童生徒に標的スキルを一から教える必要はありません。そのため、第１層支援のようにまとまった時間や回数を設定せずとも、朝の会や帰りの会で５分程度のSSTを数回実施することによって、児童生徒の標的スキルに対する手がかりやポジティブな経験の増加が期待できます。

②集団随伴性の活用

学級集団に対する追加のSSTを行ったにもかかわらず、児童生徒の標的スキルに対する手がかりやポジティブな経験が増えない場合には、集団随伴性に基づく支援を実施しましょう。集団随伴性とは、学級集団に属する児童生徒の行動が決められた基準を満たした場合、児童生徒全体にポジティブな経験（例：承認や称賛など）を与える手続きです。たとえば、学級の児童生徒の標的スキルが１日のうち合計10回実行されることを基準とした場合、教師は、児童生徒たちが基準を満たせば、児童生徒全体を称賛し、カレンダーのその日の欄にシールを１枚貼ります。

宮木・内田（2020）は、小学１年生の通常の学級を対象に、感謝や共感、援助、心配といった「やさしい言葉かけ」を増やすために集団随伴性に基づく支援を実施しています。具体的には、教員が、児童から「やさしい言葉かけ」の実行に関する報告を受けた場合、報告された言葉を葉っぱ型の紙に記入し、その紙を木が描かれた模造紙に貼るよう児童に指示します。そして、帰りの会において、教員は、学級の児童全体に対して、その日に貼られた葉っぱ型の紙の枚数を伝え、称賛を行います。その結果、「やさしい言葉かけ」を行った児童数の増加が確認されています。

集団随伴性は、副次的効果として、児童生徒間で手がかりを与えて称賛する行動が自然に生じることも報告されています（Kohler & Greenwood, 1990）。よって、集団随伴性によって、児童生徒の標的スキルに対する手がかりやポジティブな経験が増えると考えられます。

以上のように、「追加のSST」と「集団随伴性」は、第２層支援の対象となる児童生徒への標的スキルに関する手がかりやポジティブな経験を増やすために、学級の児童生徒の標的スキルやそれに関連する行動が変化することを目指しています。つまり、**これらの支援は、第2層支援であると同時に、第1層支援のさらなる充実を図ることにつながります**。

3 個別・小集団に対する支援の工夫

❶トークンエコノミーシステムの活用

トークンエコノミーシステムとは、児童生徒の行動が決められた基準を満たした場合にトークン（例：スタンプやシールなど）を与え、そのトークンを児童生徒にとって価値のある物や活動（例：給食のおかわり券や運動場の優先使用権など）に交換する手続きです。たとえば、教師は、音楽が好きな児童生徒に対して、標的スキルである「あたたかい言葉かけ」を実行するたびにスタンプ帳にスタンプを押し、スタンプが合計20個貯まれば、給食時間に流す音楽を選曲できる権利を与えます。夏休みのラジオ体操やスーパーのポイントカードを思い浮かべるとイメージしやすいと思います。

トークンエコノミーシステムは、標的スキルに対するポジティブな経験をトークンというわかりやすい形で示すことができます。また、トークンを貯めるもの（例：スタンプ帳やシール帳など）は、児童生徒の見える場所に置くことで、児童生徒が標的スキルのことを思い出す手がかりとして機能します。トークンエコノミーシステムを実施する際には、児童生徒と教員間で、「トークンと交換できる物や活動は何か」「トークンがいくつ貯

まれば交換できるか」を事前に話し合って決めましょう。

②セルフモニタリングの活用

セルフモニタリングとは、児童生徒が自らの行動を観察し、行動の生起もしくは非生起を記録する手続きです（Cooper, Heron, & Heward, 2007）。たとえば、児童生徒は、授業のグループワークにおいて、「相手の意見を尊重しつつ自分の意見を主張する」という標的スキルを実行したか否かを記録用紙に記録します。

半田・野呂（2021）は、自閉症スペクトラムのある児童を対象に、「頭を上げて先生の話を聞く」を標的スキルとして、通常の学級でセルフモニタリングを実施しています。児童生徒は、記録用紙（図３－３）を机の左上に貼り、社会と理科の授業後に、授業を通して自身が標的スキルを実行したか否かを記録しています。その結果、児童の標的スキルの実行が増えたことが報告されています。

月　　日　　曜日		
	ポイント	○・×
社　会	頭を上げて先生の話を聞く	
理　科	頭を上げて先生の話を聞く	
社会と理科が終わったら 忘れずに チェック!!		

● 図３－３　**記録用紙の例（半田・野呂，2021を参考に作成）**

セルフモニタリングは、自らの行動を観察・記録すること自体がその行動に変化をもたらすと指摘されています（Nelson & Hayes, 1981）。それは、セルフモニタリングの記録用紙が標的スキルの手がかりとして機能したり、記録結果がポジティブな経験をもたらしたりしているためだと考えられます。また、セルフモニタリングの実施は、児童生徒が、自らの行動を観察・記録して変化させるという経験を積むことで、将来的に自らの行動を変化させる術を身につけることにもつながると考えられます。

第３章のまとめ

本章は、特定の児童生徒に対するSST（第２層支援）について、「標的スキルの欠如タイプ」に焦点を当てた説明を行いました。第１・２節では、「対象となる児童生徒」「欠如タイプに応じた支援の概要」について説明しています。第３～５節では、標的スキルの欠如タイプに応じた支援のフローチャート（図３－１参照）に基づき、「欠如タイプの評価」「各欠如タイプに応じた支援方法」を説明しています。第４・５節で紹介した各工夫について、すべてに取り組む必要はありません。児童生徒や学級集団の実態に応じたり、校内ですでに行っている教育実践と関連づけたりしながら、取り組んでいきましょう。

加えて、第１章でも説明されたとおり、児童生徒が示す行動問題の重篤さによっては、本章で説明した第２層支援だけでは対応できない場合があります。そのような際には、行動問題が生じている環境条件を把握する「機能的アセスメント」（O'Neill, Albin, Storey, Horner, & Sprague, 2014）に基づく支援の実施を検討してください。機能的アセスメントについては、大久保（2019）や平澤（2023）の書籍が参考になると思います。

引用文献

・Charlop-Christy, M, H., Le, L., & Freeman, K. A.（2000）A comparison of video modeling with in vivo modeling for teaching children with autism. *Journal of Autism and Developmental Disorders*, 30（6）, 537-552.
・Gresham, F. M.（2002）Teaching social skills to high-risk children and youth: Preventive and remedial strategies. In M. Shinn, H. Walker, & G. Stoner（Eds.）, *Interventions for academic and behavior problems II: Preventive and remedial approaches*. National Association of School Psychologists Press, Bethesda, 403-432.
・Cooper, J. O., Heron, T. E., & Heward, W. L.（2007）*Applied behavior analysis*（2nd ed.）. Pearson Press, Upper Saddle River. 中野良顯（訳）（2013）応用行動分析学．明石書店．
・Gresham, F. M., Van, M. B., & Cook, C. R.（2006）Social skills training for teaching replacement behaviors: Remediating acquisition deficits in at-risk students. *Behavioral Disorders*, 31（4）, 363-377.
・Kohler, F. W., & Greenwood, C. R.（1990）Effects of collateral peer supportive behaviors within the classwide peer tutoring program. *Journal of Applied Behavior Analysis*, 23（3）, 307-322.
・Nelson, R. O. & Hayes, S. C.（1981）Theoretical explanations for reactivity in self-monitoring. *Behavior Modification*, 5（1）, 3-14.
・O'Neill, R. E., Albin, R. W., Storey, K., Horner, R. H., & Sprague, J. R.（2014）*Functional assessment and program development for problem behavior: A practical handbook*（3rd edition）. Wadsworth Publishing Company Press, California. 三田地真美・神山努（監訳）岡村章司・原口英之（訳）（2017）子どもの視点でポジティブに考える問題行動解決支援ハンドブック．金剛出版．
・Olympia, D. E., Heathfield, L. T., Jenson, W. R., & Clark, E.（2002）Multifaceted functional behavior assessment for students with externalizing behavior disorders. *Psychology in the Schools*, 39（2）, 139-155.
・石塚祐香・石川菜津美・山本淳一・野呂文行（2021）自閉症・情緒障害特別支援学級の自立活動におけるビデオモデリングを用いたソーシャルスキル指導の効果と社会的妥当性の検討．障害科学研究，45, 255-268.
・大久保賢一（2019）３ステップで行動問題を解決するハンドブック－小・中学校で役立つ応用行動分析学－．Gakken.
・岡田智・後藤大士・上野一彦（2005）ゲームを取り入れたソーシャルスキルの指導に関する事例研究－LD、ADHD、アスペルガー症候群の３事例の比較検討を通して－．教育心理学研究，53（4）, 565-578.
・岡安孝弘（2006）社会的スキルの測定．佐藤正二・佐藤容子（編），学校におけるSST実践ガイド－子どもの対人スキル指導－．金剛出版．28-40.
・金山元春・佐藤正二・前田健一（2004）学級単位の集団社会的スキル訓練－現状と課題－．カウンセリング研究，37（3）, 270-279.
・新川広樹・冨家直明（2019）児童生徒の学年・学校段階に応じたソーシャルスキル尺度の標準化－COSMINに基づく信頼性・妥当性の検証－．カウンセリング研究，52（2）, 57-71.
・西田裕明・山本真也・井澤信三（2020）知的能力障害を併せもつ自閉スペクトラム症の生徒の掃除スキルにおける行動連鎖の獲得と般化についての検討－アニメーションセルフモデリングを用いて－．特殊教育学研究，58（3）, 187-199.
・半田健（2014）発達障害児へのセルフモニタリングを取り入れた社会的スキル訓練－短期維

持効果の検討－．行動療法研究，40（３），177-187.
・半田健（2019）自閉スペクトラム症児童に対する社会的スキルの欠如タイプに応じた指導の有効性に関する研究．筑波大学大学院人間総合科学研究科博士論文，1-196.
・半田健・野呂文行（2021）小学校における自閉スペクトラム症児を対象とした社会的スキルの欠如タイプに応じた指導の効果．特殊教育学研究，59（３），191-202.
・半田健・平嶋みちる・野呂文行（2014）自閉症スペクトラム障害のある幼児に対する機能的アセスメントに基づいたソーシャルスキルトレーニングの効果．障害科学研究，38, 175-184.
・平澤紀子（2023）応用行動分析学から学ぶ 子ども観察力＆支援力養成ガイド改訂版－子どもの行動から考えるポジティブ行動支援－．Gakken.
・宮木秀雄・内田依見（2020）小学校通常学級におけるクラスワイドなポジティブ行動支援－「やさしい言葉かけ」の増加を目指した集団随伴性の適用－．山口大学教育学部研究論叢，69, 73-79.
・吉田裕彦・井上雅彦（2008）自閉症児におけるボードゲームを利用した社会的スキル訓練の効果．行動療法研究（３），34, 311-323.

参考文献

・White, S. W.（2011）*Social skills training for children with asperger syndrome and high-functioning autism*. Guilford Press, New York. 梅永雄二（監訳）黒田美保・諏訪利明・深谷博子・本田輝行（訳）（2016）発達障害児のためのSST．金剛出版.
・上野一彦（監修）岡田智・森村美和子・中村敏秀（著）（2012）図解よくわかるソーシャルスキルトレーニング（SST）実例集－特別支援教育をサポートする－．ナツメ社.
・佐藤正二・佐藤容子（編）（2006）学校におけるSST実践ガイド－子どもの対人スキル指導－．金剛出版.

第4章

学校における SST導入の 実際

Introduction

本章においては、学校全体でSSTに取り組む時にどのような体制や流れで進めていくのかについて、A小学校の架空事例を元に検討していきます。

1 学校全体でSSTを導入するとき

1 SSTを学校全体で取り入れるきっかけ

Scene 1

A小学校は各学年２～３クラスと、自閉症・情緒の特別支援学級と通級指導教室のある学校です。特別支援学級のＢ先生が特別支援教育コーディネーターを担っています。

12月末。授業中、いくつかのクラスの様子を見ている校長先生。

校長先生：クラスメイトとのかかわりで、気になる行動をしている子がたくさんいたなあ……。他者とかかわるときにどうかかわったらいいのかを知る機会って、今の学校であまりないな。「こういうときはこういうふうに言うのはどうかな」「周りの人と良い関係性を築くためにはどうしたらよいかな」とか、子どもたちと一緒に考えたりする機会が必要なのかなあ……。

同じ日の放課後、特別支援教育コーディネーターのB先生（男性、教員歴18年、40代半ば）が悩んでいます。

B先生：特別支援教育が通常の学級の先生方にも浸透してきて、たくさんの先生が相談をしてくれるのはいいけど、多くの学級にたくさんの「気になる子」がいて、校内支援会議で扱う子どもの数が膨大になっているなあ……。３年生のあるクラスなんて、37人中、８人も気になる行動をしている子がいる。校内支援会議では、いつも子どもの状況を共有するだけになってしまって、具体的な支援の手立てまでいかずに、結局いつも時間だけがすぎていく。先生たちに「この子にはこういう手立てがいいですよ」って個別になるべく伝えているけど、その手立てを実行してもらうには、なかなかハードルも高いし、具体的なことを伝える時間もない。なにかよい方法ないかなあ……。

Scene 2

B先生と校長先生が話し合いをしています。

B先生：校内で気になる行動をしている子どもの数がとっても多いんです。先生方には一人ひとりについて「この子にはこういう手立てがよいのでは」と提案しているのですが、なかなか実行してもらえません……。先生たちも忙しいし、一人ひとりに目を向けるのは大変だとわかっていますが、どうしたらよいんでしょうか。特別支援学級だったらSSTをできるのですが。

校長先生：私は最近、学校を回っていて、子どもたちがおたがいに乱暴な言葉遣いをしていたり、伝えたいことを伝えられていなさそうな様子を見ていてとても気になっていました。**自分も相手も大切にする伝え方は、特別支援学級の子どもたちだけではなくて、みんなに必要ですよね。「気になる子」だけではなく、多様な子どもがともにすごすためには、誰もが自分とは異なる存在とのかかわり方を知る機会が必要だと思います。**来年は、SSTを学校全体で導入してみませんか？

A小学校では学校全体でSSTを導入することにしました。

解説

A小学校のように、学校全体で気になる行動をしている子どもの数が多いという声や、子どもたちがお互いへの接し方がわからない、乱暴になってしまっているという声をよく聞きます。そのような学校では、「共生の技法」としてのSSTを学校全体で推進していくことをおすすめします。

学校全体でSSTを推進していくためにはいくつかのポイントや方法があります。学校によってはトップダウン形式で管理職が中心となり進めていくケースもありますし、ボトムアップ形式で通級や特別支援学級におけるSST、通常の学級におけるSSTが学校全体に広がるケースもあります。

今回の事例は管理職発信のトップダウン形式の事例です。

学校全体で導入することで、先生たちがSSTに対する共通認識をもち、子どもへの支援の手立てが一貫します。 また、第1層支援としてSSTを導入することで、一人ひとりへの個別的な支援が不要になる場合もあります。さらに、先生たちがチームで動くことは、一人ひとりの先生の負担軽減にもつながります。

2 学校経営計画にSSTを位置づける

Scene 3

校長先生は新年度の学校経営計画をつくり、学校の教育活動におけるSSTの位置づけを明確にしました。

A小学校は目指す学校像として、

① 子どもたちが安心してすごすことができる学校
② 子どもたちが主体的に学ぶ学校
③ 子ども、教師、保護者、地域がともにつくる学校

の3つを掲げています。

さらに、目指す児童像としては、

① 自分も他者も大切にできる児童
② 自ら学びに向かう児童

の2つが掲げられています。

現在、A小学校は子どもたちがお互いに乱暴な言葉を使うときがあったり、伝えたいことがあるのに我慢をしすぎて爆発してしまったりするときもあります。「子どもたちが安心してすごすことができる学校」、そして子どもたちが「自分も他者も大切にする」ことを目的とし、SSTを実践するという位置づけにしました。

校内研修や、専門家からの助言の機会を5月、8月、12月の3回、

年間計画のなかに設けることにしました。また、１学期に各学年で標的スキルを決め、取り組む内容を計画し、２学期から各学年で実施するというおおよそのスケジュールを決めました。

解説

学校全体でSSTを導入する際、学校の掲げる目標や計画のどこにSSTを位置づけるのかを明確にすることが大切です。さまざまな施策を実践したとしても、位置づけや目的が不明確なままでは、持続可能ではありません。取り組みが単発で終わってしまったり、目的がずれたまま取り組みが進んでしまったり、SSTをするためのSSTになってしまう可能性もあります。SSTの位置づけを明文化しておくことは、教職員のみでなく、子ども、保護者や地域との共通認識を図ることにもつながります。さらに、取り組みの効果を検証するうえでも、SST導入の目的が何かを明確にしておくことは重要です。この際に、第１章でお伝えした、罠に陥らないようにすることがポイントです。SSTを導入する目的が、一部の子どもがマジョリティの「ふつう」に合わせるためのSSTや、大人都合のSSTにならないように留意しましょう。

また、先生のなかには、「これまでの業務に追加的に新しい取り組みをしなければならない」と思う人もいるかもしれません。具体的にどの時間に導入をするのか、そのための研修はどのくらいの時間を要するのかなどを検討しておくことも重要です。

3 SSTを推進するチームを結成する

Scene 4

４月の年度当初、学校経営計画をつくり終えた校長先生は、計画をより具体的にし、その計画を実行するための推進チームを結成しました。メンバーは特別支援教育コーディネーターのＢ先生、生徒指導担当のＣ先生、２年生の学年主任で校内研修担当のＤ先生、４年生の学年主任のＥ先生、そして教員２年目で通級を担当しているＦ先生です。このチームで２週間に１回集まることにしました。

チームミーティング初日。

校長先生とＢ先生から今の課題をチームメンバーに共有し、学校経営計画におけるSSTの位置づけを説明しました。そのうえで、チームメンバーの先生たちに率直にどう思うかを聞いてみました。

他の先生たちからは、「よい取り組みだし、今の学校に必要だと思うけど、先生たちの負担になるのではないか」「特にまだ経験が浅い先生は何をどう進めたらよいのかがわからなくて不安になるのではないか」という声がありました。先生たちの意見を踏まえて、負担をなるべく減らし、わからないときはすぐに相談できるように、以下のことを他の先生方に提案することにしました。

- ●外部専門家の伴走。研修を実施したり定期的に相談をできるようにする。
- ●特別支援学級におけるSSTの様子を先生たちが見られるようにする。

推進チームで表４－１のような年間計画を作成しました。

５月の研修に外部専門家を招き、その際にSSTの定義や具体的なソーシャルスキルの例、クラスでSSTの授業をやる際の計画の立て方などを研修内容に盛り込んでもらうように計画しました。研修講師から１時間話をしてもらい、その後30分間は学年ごとに計画の作成を開始できるように研修の計画を立てました。

解説

次のステップとして、学校経営計画に基づいて、具体的な施策を検討するために推進チームを結成しましょう。このチームで具体的なスケジュールや研修の内容など、先生たちがSSTを実践するうえで必要なことを整

● 表4－1　A小学校のSST実施のための年間計画

4月	学校経営計画作成、推進チーム結成、SST実施計画策定
5月	教職員からの意見収集、教職員研修①、学年ごとのSST計画策定
6月・7月	学年ごとのSST計画策定
8月	教職員研修②、学年の計画への助言、計画のブラッシュアップ
9月～11月	各学年でSSTの実施（第1層支援）
12月	教職員研修③、学年での振り返りミーティング
1月～2月	第1層支援の改善、第2層支援の実施
3月	振り返り

理します。学校の状況によって柔軟に計画を立てましょう。A小学校の場合はすべての学年でSSTを実施することにしましたが、学校によってはすべての学年で導入するのはハードルが高いため、いくつかの学年から実施する、という学校もあります。**先生たちにとって無理のない、実行可能な計画を立てることがポイントです。**

A小学校は外部専門家を招くことにしました。SSTを専門にしている大学の先生でもよいですし、特別支援学校のセンター的機能を活用してもよいでしょう。また、スクールカウンセラーがSSTについてよく知っている場合もあります。先生たちが相談できる先を事前に準備しておくとよいでしょう。

4 教職員全員が共通認識を得る機会をつくる

Scene 5

SSTの導入の目的、そして推進チームで立てた具体的な計画について、まずは放課後の職員会議の時間を毎日5分ずつもらって、1週間かけて先生たちにこの計画を共有し、他の先生たちから意見をもらうことにしました。先生たちが空いた時間に意見を書き込めるように、付箋に意見を書いて貼れるようなスペースを職員室につくりました。
　１日目は校長先生から学校経営計画におけるSSTの位置づけと、どうしてこの学校でSSTをやっていきたいのかについて説明をしました。その次の日は、推進チームのメンバーから、年間の計画が共有されました。さらにその後は具体的な研修内容の共有や、外部専門家の紹介などをしました。先生たちからの意見としては、たとえば「特別支援学級のSSTの様子を見に行きたいが見に行く時間がとれない」などの意見が出ました。その意見を踏まえて、特別支援学級におけるSSTを録画し、先生たちの時間が空いたときに見られるようにしました。そのほかには、「地域や保護者にも導入の説明が必要なのではないか」といった意見もありました。その意見を踏まえ、校長先生が学校だよりやホームページを通じて学校の取り組みについて説明すること、学校運営協議会でも説明することを計画に付け足しました。

解説

　学校で何かを新しく導入する際、管理職や推進チームのみでどんどん進めてしまい、周りが置いていかれてしまったり、取り組みに温度差が出てしまったりすることもあります。そうならないように、推進チームは取り組みについて他の先生たちにオープンにし、意見を出しやすい仕組みを整えておくことが重要です。特に導入開始時においては、SSTを導入する経緯や計画について先生たちの意見をなるべくたくさんもらい、その意見を計画に反映することが、学校全体でSSTを推進するうえでとても大切です。本書のテーマである**「本人を置き去りにしたSST」をしないためにも、「先生たちを置き去りにしたSST」にならないように注意が必要です。**
　Ａ小学校は放課後の職員会議の時間を毎日５分ずつ使って校内全体で共通認識を得て、さらに先生方から意見を収集していました。先生たちに共有するのに時間を使いすぎてしまっても、それ自体が先生たちにとって負担になる可能性もあります。学校の実態に合わせ、着実に情報が伝わる形を目指しましょう。

Scene 6

5月末には外部専門家を招いて、校内研修を実施しました。最初の10分間、改めて推進チームから、SST実施の目的と年間計画を共有しました。研修講師からは、ソーシャルスキルの定義、ソーシャルスキルトレーニングの定義、ソーシャルスキルトレーニングの例、計画の立て方を説明しました。また、陥りやすい3つの罠についても解説し、具体的な計画を作成するとともに、日常の学級づくりのなかで、子どもたちがお互いのちがいを知る機会をつくっていくことについても、いくつかの事例を元に伝えました。

その後、学年ごとのグループに分かれ、学年で子どもたちが学べるとよい標的スキルは何かについて話し合いました。研修時間内に先生たちがいくつかスキルを選定し、それらを元にクラスの子どもたちにもヒアリングをすることを次のステップにしました。研修を実施する前に推進チームが外部専門家と相談し、計画表のフォーマットを準備することにより、先生たちが具体的に次に実施すべきステップが明確になるようにしました。

解説

学校内で新しい取り組みを実施する際の研修においては、全員が共通認識すべきポイントを絞って講師に話してもらうことが大切です。そのうえで、ただ講師が話すのみでなく、**はじめの一歩を全員で踏み出す時間にすることも重要です。**また、先生たちがどのようなステップで何を進めたらよいかをなるべく具体的にすること、そしてそのステップに応じた計画表のフォーマットが準備されていることにより、研修後に実施すべきステップが明確になります。

Scene 7

先生たちは研修の次の日から、早速日常のなかで子どもたちがおたがいのちがいを知る機会をつくるようにしました。

たとえば、子どもたちがさまざまな場面で自分の今の気持ちを伝えるような機会をつくるようにしました。行事の練習がうれしい子もいる、「疲れるなあ」と思う子もいるというような形で、それぞれがどんなときにどんな気持ちになるかを可視化して、それらには優劣はなく、ちがいであることなどを伝えるようにしました。そのほかにも、休み時間のすごし方について、人と遊ぶのが好きな子もいれば、一人でいたい子もいる、また、日によってそれが変わるときもある、など、それぞれにとって心地よいすごし方は異なることについても意識して伝えるようにしました。

解説

第1章で伝えたように、SSTを導入する際、子どもたちがお互いのちがいを知る機会をつくりましょう。このような機会を意図的につくらないと、**すでに子どもたちのなかに埋め込まれている「マジョリティ中心の規範」**に引っ張られてしまい、SSTがマジョリティに合わせるためのものや、大人に都合のよいものになってしまいます。

2 すべての児童生徒に対するSST

1 学年全体で扱う価値の高い標的スキルを探す

Scene 8

5月当初、3年生時点から気になる子が多かった新4年生の学年グループ（3学級）では、校内研修で提示されたソーシャルスキルのリストを参考に、「上手な聴き方」「感情のコントロール」をSSTで扱う標的スキルの候補としてあげていました。相手の話に耳を傾けたり、衝動的な言動を抑えたりするスキルを学ぶことで、話し合い活動をはじめとするさまざまな場面で乱暴な言葉遣いが多い現状を変えられるのでは、と考えたのです。

しかし、学年主任のE先生は、このとき少しだけ違和感を覚えました。「そんなに上手くいくかな？　なんかあの子たちっぽくない気もする……」

Scene 9

7月には、児童に対して、ソーシャルスキルに関する現状把握を兼ねて、「人との付き合い方を学校の授業で勉強するとしたら、どんなことを学びたいと思いますか？」という質問に項目を選択させる形式のニーズ調査を実施しました。その結果、「上手な話し方」「あたたかい言葉かけ」の選択数の順位が上位であり、「上手な聴き方」「感情のコントロール」は下位に沈みました。

この結果を受けた学年グループは、8月に研修講師と相談し、当初予定していた標的スキルをもう一度見直すことにしました。ふだんの様子を踏まえて話し合いが進むなかで、ある仮説が浮かび上がってきます。「もしかすると、私たちからは攻撃的な言動に聞こえるあのやり取りは、『もっと自分を相手にわかってほしい』という気持ちが空回りしてしまっている結果なのでは？」実際、おたがいに衝突は多いものの、人とかかわることをやめようとはしない子が多いようです。

そこで、学年グループでは「人とつながりたい」という思いを下支えするための標的スキルを再設定することにしました。まずは自分の気持ちを素直に伝えるための「あたたかい言葉かけ」、次に相手に配慮しつつ意見を伝えるための「上手な話し方」です。この順序は、研修講師からの助言を受け、「あたたかい言葉かけ」を先に学ぶことで、学校生活において標的スキルが実行された際に子ども同士による称賛（社会的強化）が期待できること、現在の状況から実行することがより難しいと考えられる「上手な話し方」を学ぶことは、SSTの授業形式に慣れてからのほうが望ましいという理由から決定されました。また、自分が他者から尊重される体験を増やすことで、他者も同様に尊重されるべきだと気づいてもらうこともねらいの1つでした。このプロセスでは、事前にSSTを「自分も他者も大切にする」ための活動と位置づけたことも功を奏し、スムーズに合意形成を図ることができました。

解説

SSTにおける標的スキルは、教師が「こうなってほしい」という願いを代弁してくれるものです。ただしその分、教師が統率しやすくなるような子ども像を押し付けてしまう可能性もあります。見かけ上、欠如しているソーシャルスキルを直ちに採用するのではなく、**子どもたちが「自分らしさ」を発揮するためにどのようなスキルを「補う」必要があるかという視点**をもつことが大切です。子どもたち自身のニーズも取り入れつつ、柔軟に計画を修正していきましょう。

2 学級単位でSSTを計画・実施する

Scene 10

学年グループで共通の標的スキルを設定した次の手順は、標的スキルの具体的なポイントとロールプレイの題材となる場面を決めることです。ここでは２つの標的スキルのうち、「あたたかい言葉かけ」を例として示していきます。この学年グループでは、よく使用されるポイントである、①相手の目を見て、②自分の気持ちを言葉にして、③その理由を伝えることの３つを採用することとしました。学年グループの先生からは、10月の学習発表会に向けてSSTを進めていきたいという要望が出たため、ロールプレイの場面は、①忘れ物を届けてくれた人に感謝する場面、②体調が悪そうな人を心配する場面、③学習発表会の練習で頑張っている人を励ます場面の３つとしました。授業コマ数は、１つの標的スキルにつき２回ずつ、計４回のセッションを計画しています。

授業の大まかな展開は共通ですが、各学級の事情に合わせた工夫は、学級担任に委ねられることとなりました。４年１組の担任のＧ先生は、学級の子どもたちの顔を浮かべながら、標的スキルのポイントの示し方を工夫する必要性を感じていました。人と積極的にかかわろうとする子が多いことは確かなのですが、相手の目を見ることや面と向かって伝えることが苦手な子もいるため、ポイントすべてを実行するのは難しいのではと考えたのです。また、「何でちゃんとやらないんだよ」などのきつい言葉かけが生じることも予想されました。そこでＧ先生は、「相手の目を見て」に括弧書きで「(相手の顔をチラっと見るだけでもOK)」と補足し、さらに直接言えなかったときは「仲のよい友だちにそのことを伝えるだけでもOK」というルールを追加して教えることにしました。

解説

標的スキルのポイントを具体化するのは、その実行によって他者とのポジティブなかかわりを促進するためであり、社会的に適切な行動のハードルを上げるためではありません。標的スキルそのものが目的化され、「それを守らない人には発言権がない」というような自己責任論的な風潮をつくり出してしまうようでは、「あたたかい言葉かけ」の先にある「自分も他者も大切にする」という目標からはかけ離れてしまうことになります。**SSTで扱う標的スキルはあくまで基本形なので、児童の実態によって「OK」とする基準は多様で然るべき**という認識をもたせましょう。

Scene 11

夏休み明け、いよいよSSTの初回授業を実施することとなりました。まず、授業の導入部分で「あたたかい言葉かけ」を学ぶ意義とポイントについて触れていきます。すると出だしから、「えー面倒くさーい」「なんかわざとらしくない？」と冷やかすような発言が飛び交います。担任のG先生は、これらの発言をスルーせず、意を決して言いました。

「この授業で大切なことは、自分の素直な気持ちを相手に伝えることです。わざとらしくお世辞を言う必要はありません。誰かに親切にしてもらって『嬉しいな』という気持ちになったり、友だちが『頑張っていてすごいな』と思ったりしたら、その気持ちを大切にして、自分らしく相手に伝えるだけでよいのです。大して面倒なことではないはずです」

ざわざわしていた教室は、少し落ち着きを取り戻したようでした。それと同時に、G先生はこの学級がこれまで、ソーシャルスキルに課題を抱え続けてきたことに合点がいきました。すなわち、「あたたかい言葉かけ」に代表されるような、相手を称賛する発言や相手に配慮した丁寧な言い回しが「わざとらしく」映ってしまい、受け入れられない雰囲気があることに気づいたのです。

続く「モデリング」では、標的スキルのポイントを一つずつ段階的に押さえていくロールプレイを実際に見てもらうことで、話し手に感じる印象や、受け取り手の反応が変わっていくことを間接的に体験させます。ここまで来ると「最初と全然違う」「今のほうが絶対伝わる！」などと標的スキルに対して肯定的な意見も出始めるようになってきました。

解説

初回の授業では、SSTの目的を明確化し、**ソーシャルスキルが他者だけでなく、自分の気持ちを大切にするうえでも役立つことを強調すること**が重要です。ただし、いかにソーシャルスキルの重要性を説いたとしても、それを実行することのメリットを肌で感じなければ、単に押しつけられたルールとしてわずらわしく感じてしまうかもしれません。モデリングを通じて、標的スキルの魅力を最大化するように努めましょう。

3 スキルが般化しやすくなる工夫を取り入れる

Scene 12

次の展開の「行動リハーサル」では、事前に決めたロールプレイ場面に沿って「あたたかい言葉かけ」を小グループに分かれて練習していきます。言葉にするのは自分の気持ちなので、場面を構成するために決められた箇所以外は、児童が自由に発言内容を決めます。特に学習発表会の練習を想定した場面では、劇でセリフを上手く言えずに落ち込んでいる人に対して「ドンマイ」「次は上手くいくよ」「頑張っててすごいね」など、さまざまな励ましの言葉が出ました。

なかには、目を合わさずに「セリフ言えるだけですごい、私にはできないから」と一見ネガティブにも思えるような発言をする子もいました。これを聞いたG先生は否定せず、「今のは○○さんらしい励まし方だったよね。自分と違う誰かを演じようとしなくても、今みたいに自然な感じで伝えてくれたほうが嬉しいときってあるよね」と返し、さらに「フィードバック」の時間にも学級全体でそのことを共有したうえで褒め称えました。

振り返りの時間では、標的スキルのポイントをふだんの生活でも意識するように伝え、「あたたかい言葉かけ」を使った相手とそのときの言葉を記入するワークシートを配りました。翌週にはワークシートを回収し、児童生徒が記入した内容を第２回のSSTの授業内で紹介して、ポイントと照らし合わせながら具体的に褒めるという時間を設けました。

解説

ソーシャルスキルの適切性は、スキルを実行する場面やそれが誰から発せられたかという文脈によるところが大きいため、SSTでは**１つの正解を導くことよりも、標的スキルに準ずる行動の引き出し（レパートリー）を増やすこと**を重視します。ロールプレイの場面を多様に設定し、その子らしいさまざまな表現方法が肯定される機会を提供しましょう。

Scene 13

10月に入り、学習発表会が迫るなか、もう１つの標的スキル「上手な話し方」にも取り組んでいきます。すると、ロールプレイ中や学習発表会の練習中にも、児童に少しずつ変化が見えるようになってきました。以前は自分の役を演じるので精一杯だったのが、「いい感じ」「大丈夫」「前より声が出ててよかったよ」など、初回の授業で学んだ「あたたかい言葉かけ」を使って相手に肯定的な発言を行う様子がうかがえたのです。こうした発言はそのつど、担任によってホームルームで取り上げられ、称賛されました。本番も見事、大成功に終えることができ、G先生は学級全体の雰囲気がよくなってきていることを実感していました。

Scene 14

11月には、7月に実施した尺度を再度用いて、現状のソーシャルスキルの習得度を自己評定させるとともに、SSTへの感想を尋ねました。自己評定の結果では、標的スキルの「あたたかい言葉かけ」に対応する「相手を称える」領域の学級平均得点が明らかに高くなっており、他のスキルもいくつか伸びているようでした（図4－1）。

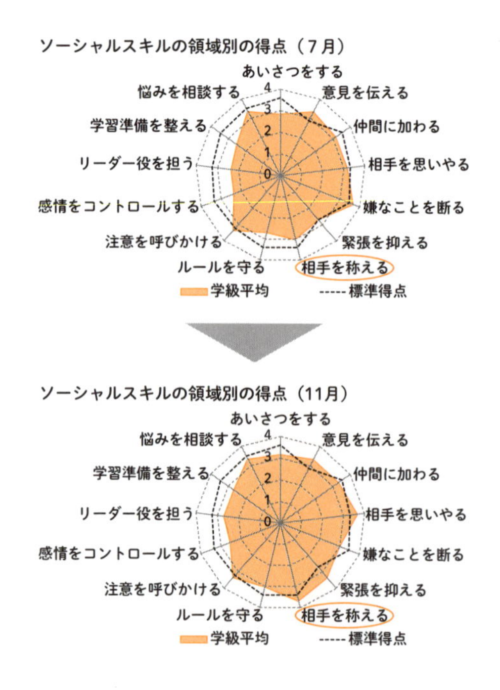

● 図4－1　ソーシャルスキル（自己評定）の領域別の得点変化

しかしG先生は、それでも一部、発言そのものが少ない子や、相手を見下すような発言を繰り返す子がいることが気がかりでした。学級全体でポジティブなかかわりが増えた分、そうした子たちが以前よりも目立つようになり、ほかの子たちのひんしゅくを買うことも懸念されました。

3 第1層支援の振り返りとその後の計画

1 第1層支援の次のステップの研修

Scene 15

11月末にはすべての学年で初めてのSSTの授業が終了しました。推進チームが企画し、12月初頭に研修が開催されることになりました。

研修では、研修講師から、学級全体に対するSST（第１層支援）の次のステップが示されました。

●ステップ①：学年グループで第１層支援について振り返りをする。
●ステップ②：ステップ①を踏まえてさらなる第１層支援について計画をする。
●ステップ③：プラスアルファの支援（第２層支援）が必要である子どもを検討する。
●ステップ④：プラスアルファの支援が必要である子どもたちへの支援を計画する。

ステップ①〜④のミーティングが終了し、計画を実行した後は、また同じステップを繰り返します。

①と③については、先生のSSTをやってみて日常の子どもたちの行動がどう変化したか、の定性的な所感、子どもたちの感想とともに、子どもたちへのアンケートのデータや、生徒指導のデータ、遅刻欠席や保健室利用のデータを参照することで、②と④を検討するとよいとの助言がありました。さらに、②の第１層支援については、授業のな

かでSSTを実施することだけではなく、日常のなかでできることをより具体的に計画するとよい、との助言もありました。

早速2学期末に各学年と推進チームで次のステップ①〜④のミーティングを実施することになりました。推進チームのメンバーは主にミーティングがスムーズに進行するようにファシリテーターの役割を担います。

解説

SSTを学校で導入する際、SSTの授業を数回やって終わり、となってしまうケースがあります。その結果どうなるか？ というと、いつのまにかSSTを実施する前の状態に戻ってしまいます。そうならないためには、**SSTで学んだスキルを子どもたちが継続して実践することができる環境をつくることが重要**です。Scene15で示されているように、授業の振り返りを経て、日常のなかでスキルの実践を継続するための環境の工夫や、必要に応じてまた追加して授業を実施するなどの計画を立ててみましょう。

振り返りや計画のミーティングをする際は、学年グループのみでなく、推進チームのメンバーが誰かしら入っていることが望ましいです。推進チームのメンバー全員がすべての学年ミーティングに入るのは現実的ではないため、推進チームが担当を決めて各グループに入るとよいでしょう。

2 ステップ①〜④の学年グループミーティング

Scene 16

12月末に4年生の学年グループミーティングを実施しました。ファシリテーターは推進チームの特別支援教育コーディネーターのB先生が担いました。時間は1時間と限られているため、以下のように進めました。

①-1　5分：児童の感想やアンケート結果等を踏まえて、SSTを実

施したあとの実態について各々がパソコンに入力。
①-2　5分：①-1をそれぞれ読みあう。
②　15分：①を踏まえて、第1層支援として、追加的に必要なSSTの授業や日常のなかの工夫について話し合い、方向性を決める。
③　5分×3クラス：それぞれのクラスで第2層支援が必要である児童について実態の共有。
④　15分：③を踏まえて第2層支援の方針を立てる。

②の第1層支援の方向性を話す際に、G先生は4年1組の児童の感想を参照しました。4年1組の児童の感想としては、「あたたかい言葉かけって胡散臭いと思ってたけど悪くないと思った」「あたたかい言葉かけはできるようになったけど、上手な伝え方は難しい」「自分の意見を伝えたいけど言いにくい」といった感想がありました。G先生も、授業後の4年1組ではあたたかい言葉かけは増えてきたけれど、子どもたちがネガティブなことをすべて封じ込めているようにも見えて、いつか爆発しないかを懸念しており、それを所感として他の先生たちに伝えました。そこで、4年1組では第1層支援として「相手に伝えづらい場面での上手な伝え方」を追加的な授業として実施することにしました。さらに、日常のなかでより子どもたちがスキルを発揮しやすいように、これまで学んだポイントを掲示し、そのポイントに基づいて教師がフィードバックをすることにしました。

解説

ミーティングを実施する際に、スムーズに話し合うべきことが話し合えるように構造化をしておくことはとても大切です。また、事前準備が多いと大変なため、各自パソコンで入力したり付箋に書いたりする時間を会議内で設けるなど、**なるべくその1時間ですべて完結できるような工夫をしましょう。**

4年1組で起こったように、実際に「あたたかい言葉かけ」や「上手な伝え方」についてのスキルを扱うと、子どもたちはたがいにあたたかい言葉かけを意識するようになります。一方で、今度は相手のお願いを拒否するときや、相手に伝えづらいことを伝えられなくなってしまい、逆にイライラがたまってしまうこともあります。

この学年では、もともと「まじお前ふざけんなよ！」「はー聞いてねーし」「ってかこいつバカなんだけど！」といった言葉が飛び交っていました。これらの言葉の背景には、❶他者とかかわりたいけれどかかわり方がわからない、❷自分が伝えたいことを自分も相手も傷つかない形で伝える伝え方がわからない、の２つがあったと思われます。子どもたちの感想やＧ先生の振り返りから、❶についてはカバーできたけれど、❷については２学期の授業では足りなかったことがうかがえます。

Scene 17

SSTのステップ①②が終了したあとは、③第２層支援を必要とする子どもの検討と④第２層支援が必要な子どもたちへの支援の方針を話し合いました（ステップの内容はp.111参照）。

Ｇ先生は、自分のクラスのうち、Ｈさん、Ｉさんの２人のことが気になっていました。Ｈさんは発言が少なく、おそらくなにかしら伝えたいことはあるけれど、伝えられていないのだろう、と思う場面が多いです。Ｈさんは通級を利用していますが、時間の都合上個別支援しか受けられていません。大人と１対１の場面では伝えられることも、子ども同士の集団のなかだと難しいようです。Ｈさんは遅刻・欠席の回数も他の子と比較して多いです。

ＩさんはSSTを実施する前から対人トラブルがなくなりません。たとえば、友だちと話し合いをしているなかで、誰かが間違えると「そんなこともわからないの？　バカじゃん？」と言ったり、他者に対してすぐに「それってあなたの感想ですよね？」など、相手を見下す態度をとってしまい、相手が怒りけんかになるパターンが多いです。Ｉさんは４年生になるまでにも生徒指導の記録や保護者面談の記録、さらに保健室の訪問回数が多いことがわかりました。

4年2組では4人の子ども、4年3組では2人の子どもを対象とすることになりました。合計8人を対象として、第2層支援をするにあたり、まずは本人たちのニーズをヒアリングすることにしました。4年1組のHさんについては通級の先生から、Iさんについては I さんがよく行く保健室の先生からも聞いてみることにします。

第2層支援では、B先生が特別支援学級で実施しているSSTを2人のニーズに合わせてアレンジして実施するのがよいのでは、という話や、担任の先生だけが第2層支援を実施するのは難しいため、管理職や養護教諭の先生も含めて順番に担当するのがよいのでは、といった話が出ました。児童へのヒアリングを踏まえたうえで、1月に第2層支援の計画を立てるミーティングを再度することにしました。

解説

第2層支援を要する児童については、先生の所感と学校にあるデータも参照しつつ、決定できるとよいでしょう。**ここでも大切なのは、本人たちのニーズをヒアリングすることです。**本人たちは困っているのか、困っていないのか、困っているのであれば何に困っているのか、などをヒアリングします。本人自身は困っていないけれど、周りが困っている場合もあります。そのときは、本人に、先生自身はどうして困っているのか、先生自身がどうしたいのかを伝えるのも1つの方法です。ヒアリングをするのは、必ずしも担任の先生のみでなく、本人と関係性を築いている人や本人が望む人がよいです。本人に誰と話したいかを選択してもらうのもよいでしょう。

4 特定の児童生徒に対するSST

1 標的スキルの欠如タイプの評価

Scene 18

1月上旬に第2層支援の対象となる児童へのヒアリングを実施しました。このヒアリングは、12月末に実施された学年グループミーティングを受け、それぞれの児童と良好な関係を築いている教員が担当しました。

4年1組のHさんへのヒアリングは、通級指導教室を担当とするF先生が担いました。通級による指導の際に、F先生がHさんに困っていることを尋ねると、学級集団に対するSSTで学んだ「上手な話し方」を学級のグループ活動の際にうまく使えていないことを教えてくれました。

そこで、F先生は、相手に配慮しつつ自身の意見を伝える「上手な話し方」について、Hさんにその内容やポイントを質問したり、ロールプレイ場面を設定してF先生相手に言葉をかけてもらったりしました。その結果、Hさんは、標的スキルの実行場面や、その場面に合った言葉、ポイントについて知っていました。一方、F先生は、テンポの速い児童同士の会話のなかでHさんが標的スキルを実行するには、言葉かけのタイミングが遅すぎるように感じました。F先生は、この実行するタイミングの「未獲得」が、Hさんが学級のグループ活動の際に「上手な話し方」を実行していない理由だと推測しました。

以上から、F先生は、Hさんに上記の理由を説明し、「上手な話し方」を実行するタイミングについて、通級指導教室での個別練習と、同学年の児童との合同練習を提案しました。これらの提案に対して、Hさんは同意してくれました。

解説

スキルの欠如タイプを評価する方法は、標的スキルに関する知識や技術を本人に問う「面接法」や、本人が標的スキルを実行している様子を観察する「行動観察法」があります。また、行動観察法には、Hさんのように設定したロールプレイ場面で本人が教員や児童相手に標的スキルを実行する様子を観察したり、後述するIさんのように授業や休み時間などの自然な場面で本人が標的スキルを実行する様子を観察したりする方法があります。これらの評価方法は、標的スキルの内容や、そのスキルが実行されやすい場面、児童生徒と教員の関係性によって、選択したり組み合わせたりするとよいでしょう。

標的スキルの欠如タイプには、2つあります。「獲得欠如タイプ」の標的スキルは、標的スキルに関する知識や技術を獲得していないため、実行されていないと考えます。「実行欠如タイプ」の標的スキルは、標的スキルに関する知識や技術を獲得しているものの、実行場面において標的スキルに関する手がかりやポジティブな経験が不足しているため、実行されていないと考えます。Hさんの場合、「上手な話し方」を実行していない理由は、標的スキルを実行するタイミングの未獲得、つまり「獲得欠如タイプ」と推測されています。

Scene 19

4年1組のIさんへのヒアリングは、養護教諭であるK先生が担いました。K先生は、Iさんが保健室を訪れた際に、学級で困っていることを尋ねました。しかし、Iさんは「別にない」と答えました。その後も、K先生は何度か同じように質問しましたが、Iさんの回答はいつも同じでした。K先生は、学級での対人トラブルを引き合いに出して第2層支援を話題にすることもできたのですが、

Iさんの居場所の１つである保健室を居心地の悪い場所にしたくないと考え、次の手を打てずにいました。
そこで、K先生は、特別支援教育コーディネーターのB先生に相談することにしました。B先生は、前述の状況を踏まえ、学級での授業の様子を撮影して、その動画をIさんとK先生の２人で視聴しながら話すことを提案しました。また、必要に応じて、B先生も動画視聴に同席することを伝えたところ、K先生はB先生の同席を希望しました。動画撮影は、４年１組の担任であるG先生に協力してもらいました。
K先生は、授業の様子を撮影した動画をIさんとB先生の３人で視聴しました。動画のなかでは、Iさんが、答えを間違えた児童に対して、「こんなこともわからないの？」と声をかけている場面がありました。K先生が「今だったらどんな言葉をかける？」と尋ねると、Iさんは「残念！ 次は大丈夫！」と答えました。一方で「でもそれじゃみんなが笑ってくれないよ」とも話してくれました。その後、K先生とB先生は、Iさんが自分の気持ちを素直に伝える「あたたかい言葉かけ」について、学級集団に対するSSTによって知識や技術を獲得しているものの、実行に対する「ポジティブな経験の少なさ」から、学級で実行していないと推測しました。
以上から、K先生は、先ほどの理由を説明し、Iさんが「あたたかい言葉かけ」を実行した際に「やってよかった。またやりたい」と思

えるような個別支援を実施することを提案しました。これに対して、Iさんは、同意してくれました。

解説

本人の問題意識が低い場合、教員の問題意識やそれに伴う意向を児童生徒にそのまま伝えても、児童生徒の理解を得られないことがあります。このようなときは、児童生徒が自身の行動を客観的に振り返る機会を設けることが効果的な場合もあります。Iさんの場合、授業の様子を動画で振り返ることによって、教員・児童間で問題意識を共有することができました。

Iさんは、学級で対人トラブルが絶えませんでした。**周りの人からすると問題のように感じる行動も、本人にとってはポジティブな経験をもたらす行動である場合があります。Iさんは、人を見下す言動によって、周りの児童から注目を得ていました。この結果は、たとえIさんが「あたたかい言葉かけ」に関する知識や技術を獲得したとしても、人を見下す言動を続けてしまうほど、Iさんにとって価値のある結果でした。** Iさんの場合、そのような背景を踏まえ、「あたたかい言葉かけ」を実行していない理由が、標的スキルに関するポジティブな経験の不足、つまり「実行欠如タイプ」と推測されています。

2 欠如タイプに応じた支援

Scene 20

1月中旬、第2層支援の計画を立てるため、4年生の学年グループミーティングを実施しました。ミーティングでは、ヒアリングを行った教員から第2層支援の対象となる児童の標的スキルの欠如タイプや支援方針が共有され、具体的な支援を検討しました。

Hさんに対する支援は、「上手な話し方」について、F先生による通級指導教室での個別練習と、同学年の児童との合同練習が計画されました。個別練習では、Hさんが F 先生との会話の中で標的スキルを実行した際、言葉かけのタイミングについて、F 先生からフィードバック（「今のタイミングいいね！」や「もう少し速いほうが会話が途切れずスムーズだね！」など）を受けます。

個別練習によってHさんが標的スキルを実行するタイミングをある程度獲得できたら、同学年の児童との合同練習に移ります。合同練習は、「上手な話し方」に関する知識や技術の獲得が不十分な児童4名を対象に、週2回、昼休みの時間を使って実施することにしました。合同練習では、「好きな○○」のようなお題を決め、そのお題に関する意見を児童間で伝え合う活動を行います。この活動を通して、Hさんを含む児童4名が、相手に配慮しつつ自身の意見を伝えるという「上手な話し方」を繰り返し練習できるようにしました。合同練習の実施は、4年生の担任3名、学年主任のE先生、教頭先生が順番で担当し、標的スキルに関する助言やフィードバックを行います。また、上記の4名以外にも参加を希望する児童がいた場合、いつでも参加してよいことにしました。

加えて、G先生は、4年1組の児童全体に「相手の発言を待って話すこと」について確認することにしました。これによって、学級のグループ活動などの際に、Hさんが標的スキルをタイミングよく実行することが増え、ポジティブな経験が積みやすくなると考えました。

Iさんに対する支援は、Iさんが周りの児童や教員に対して「あたたかい言葉かけ」を実行した場合、教員による称賛とスタンプ帳へのスタンプが与えられるよう計画されました。これによって、Iさんの「あたたかい言葉かけ」を実行した際の「ポジティブな経験」を増やすことを意図しました。この支援は、授業中や休み時間のIさんの様子を観察しやすいことから、主に担任のG先生が実施しましたが、他の教員もIさんに対する声かけを積極的に行うことにしました。

また、Iさんは、人を見下す言動によって周りの児童の注目を得ていました。一方、4年1組では、学級集団に対するSSTによって、多くの児童が「あたたかい言葉かけ」を日常的に実行しています。このことから、Iさんの「あたたかい言葉かけ」に対して、周りの児童による手がかりやポジティブな経験も期待できると考えました。

解説

支援は、児童生徒の標的スキルの欠如タイプに応じた内容を計画します。児童生徒の標的スキルが「獲得欠如タイプ」である場合、その知識や技術の獲得を目的として、教示やモデリング、行動リハーサル、フィードバックを実施します。本事例では、Hさんへの支援がこちらに該当します。

一方、児童生徒の標的スキルが「実行欠如タイプ」である場合、児童生徒が標的スキルを実行できていない場面において、標的スキルに関する手がかりやポジティブな経験が増えるよう支援します。本事例では、Iさんへの支援がこちらに該当します。

支援を計画するうえで、Hさんのように、同じようなニーズのある児童生徒には、児童生徒の意に反する場合を除き、合同での支援を計画してもよいでしょう。これにより、児童生徒の練習相手や練習場面以外の人や場面での実行を促進させたり、教員の人的・時間的コストを軽減させたりすることにつながります。また、Iさんのように、学級集団に対するSSTによって周りの児童生徒の標的スキルが向上していることを踏まえ、児童生徒間での手がかりやポジティブな経験を支援に組み込むことも有益です。

Scene 21

3月中旬、4年生の授業を見ながら、校長先生とB先生が会話をしています。

校長先生：最近、校内を回っていると、子どもたちが励まし合ったり、たがいの行動を称え合ったりする姿を見ることが増えてきたわ。また、子どもたちの関係性がよくなるにつれて、先生方の表情も柔らかくなってきたように感じます。

B先生：わかります。私は、先日、地域の方から「登下校中の子どもたちが今まで以上に仲良さそうにしている姿にいつも元気づけられる」と声をかけていただきました。学校全体でSSTを導入した成果をいろいろな場面で感じられますね。

校長先生：本当にそうね。昨年度、「ふざけんなよ」や「こいつバカなんだけど」のような言葉が行き交っていた４年生の学級で、「すごいじゃん」や「ドンマイ」と言って笑い合っている子どもたちの姿を見ると、心から嬉しくなりますね。

B先生：４年１組のHさんは、グループ活動の際に自身の意見を徐々に伝えられるようになって、遅刻や欠席も減ってきたそうですよ。Iさんは、相変わらず保健室に行く回数が多いですけど、対人トラブルが減って、友だちと楽しそうに遊んでいることが増えました。

校長先生：Iさん、今、答えを間違えた子に「次は大丈夫」って声をかけたわね。周りの子もそんなIさんに好意的な目を向けているように感じたわ。今のあたたかい雰囲気を引き継げるよう、次年度に向けてSSTの位置づけを学校全体で再度、共有しましょう。

第5章

特色のあるSSTの実践事例

Introduction

本節で紹介するのは、へき地・小規模の中学校において、第１層支援として取り組んだ集団SSTの事例です。中学校教員の目線で事例をレポートし、編者による事例のポイント解説を示します。

1 へき地・小規模の中学校における実践

事例1 高校入学後の仲間づくりを支援するSST

❶事例の概要

本実践では、高校進学後の人間関係づくりをテーマとして、ふだんの学校生活においてほとんど実行されていない「自分のことを話す」「相手のことを尋ねる」「悩みを打ち明ける」スキルの獲得を目指しました。プログラムは、相手の意外な一面を知ることにつながったようで、以前よりも学級内で会話がはずんでいる様子が見受けられました。アンケートの結果からは、一部の生徒においてソーシャルスキルや高校進学後の対人場面の効力感が向上したことがうかがえました。

❷実践校の概要

実践校はへき地にある中学校であり、１学年が５～10人程度で編成されている小規模校です。基本的に保育園の頃からクラスメイトが変わらないため、人間関係がよくも悪くもずっと安定しているといった状況が多く見受けられます。卒業後は、ほとんどの生徒が都市部にある高校に通いますが、卒業生の話を聞くと必ずといってよいほど、クラスの人数の多さに圧倒されたという経験を語ります。中学生のときには生徒会などで活躍を見せていた子でさえも埋もれてしまったり、学校という場所が安心してすごせない場所と認識され、学校生活が辛くなってしまったというケースも見受けられました。当時、私は３年生の学年主任を務めていたのですが、こうした状況にもどかしさを感じていました。そのようななか、校内研修会でSSTのレクチャーを受けたことを機に、高校入学後のクラスメイトとの仲間づくりを支えるようなSSTを３年生に実践できないかとスクールカウンセラー（以下、SC）の先生に相談したことが、今回の実践の始まりとなっています。

③アセスメント

プログラムに先がけて、学級担任と情報を共有しながらふだんの生徒同士のコミュニケーションを観察したところ、いくつか課題が浮かび上がってきました。まず､休み時間でもあまり会話が見られないこと､会話があったとしても、いつも自分から話しかける生徒が決まっているということです。これまで長い時間を一緒にすごしている割には、あまりおたがいに関心がないように見えます。対象学級には６名の生徒（男女３名ずつ）がいましたが、コミュニケーションが得意な生徒とあまり得意ではない生徒にはっきり分かれている印象です。しかし、生徒たちにとっては、ふだんの学校生活を送るうえで問題になることはありません。言ってみれば、自分のお手本になるような存在がいない状況なので、自分自身の伸びしろに気づく機会も限定されてしまっているのかもしれません。また、新しい関係性を築くということをずっとしてきていないため､自分のことを話したり、相手のことを尋ねたりするといったスキルがどのくらい備わっているかわからない状況でした。

さらに、ふだんの学校生活のなかでは、困ったときにはクラスメイトに相談するという行動が確認されていないことも課題と感じていました。これは、少人数ということもあって教師の目が行き届きやすく、クラスメイトを頼るといった場面がそもそも少ないという事情もありますが、それ以前に同年代の子に対して援助を期待していないようにも思えました。そこで、SCの先生に紹介された「児童青年版援助要請スキル尺度」（本田・新川，2023）を使用して、他者に援助を求めるスキルを評価しました。すると、全体として標準得点よりもやや低い得点であり、特に「相談相手に何をしてほしいかを自分から伝える」ことや「相談相手が嫌な気持ちにならないように気をつける」ことに苦手意識をもっているようでした。

④標的スキルの決定

アセスメントの情報を踏まえたうえで、学年主任、担任、SCによる協議を経て、最終的に標的スキルとして「自分のことを話す」「相手のことを尋ねる」「悩みを打ち明ける」スキルをSSTで扱うことに決定しました。ロールプレイで使用する場面は、高校入学後のクラスメイトとのやりとりを想定した場面、特に初対面であったり、あまり話したことのないクラスメイトに話しかける場面を設定することとしました。

Point

本実践では、小規模な学校という特性上、学習の機会が極めて少ないと思われるソーシャルスキルを標的としています。SSTは、このような**自然な環境下では自らの課題として認識することも難しいようなスキルを取り上げる**のに適したトレーニングといえます。（新川）

⑤プログラムの計画

SSTに充てられる授業のコマ数は、授業日程の都合上、「特別活動」内の５コマであったため、全５セッションでプログラムを構成することとしました。標的スキルを取り上げる順序として、高校入学後を想定するとまずは自己紹介の練習となる機会があったほうがよいだろうということで「自分のことを話す」スキルを第１回に設定しました。次に、自己紹介で明かされた内容を活かすことをねらいとして「相手のことを尋ねる」スキルを第２～３回に設定しました。そして、ある程度クラスメイトにも慣れてきた後に使用することが想定される「悩みを打ち明ける」スキルを第４～５回に設定することとしました。

ただし、先ほども述べたように、対象となる生徒たちは長年同じ時間をすごしてきているので、大抵のことはおたがいによく知っているため、自己紹介や相手に質問する時間があまり盛り上がらないことが予想されました。そこで、特に初回においては「グループエンカウンター」の要素を取り入れ、よくある「好きなもの•嫌いなもの」といったテーマだけでなく、ふだんの会話では話題になりにくい「ナゾのこだわり・クセ」など、その理由が知りたくなるようなテーマを含めて「プロフィール」を紹介し合う時間を設けるようにしました（図5－1)。

また、自分のことを紹介するだけでなく、相手のことについても質問して、共感したことや意外だったことを振り返るという内容をワークの一環として取り入れました。これによって、まずは質を問わず「相手のことを尋ねる」ことを通して、少しでも生徒同士がおたがいに関心をもつきっかけにすることをねらいとしています。

❻生徒の特性に合わせた工夫

自分自身のプロフィールを紹介するにあたり、標的スキルをうまく実行するためのポイントをまとめることも考えましたが（皆の顔を見渡して、笑顔で、はきはきと話すなど)、あまり細かく設定すると最初からハードルが高くなりすぎて、緊張しやすい生徒にとってはかえって失敗経験となることが懸念されました。そのため、どのような形であっても自分なりのキャラクターでまずは自己紹介することを優先事項としました。また、グループワークを行うにあたって、生徒同士で自由に交流してもらうことが理想ではありますが、質問のレパートリーが少ないことが懸念されたため、「フカボリサポートツール」という、相手に質問する際のヒント集を用意し、それに沿って質問し合えるようにしました（図5－2)。

さらに、第２回以降のSSTのセッションでは「相手のことを尋ねる」「悩みを打ち明ける」といった標的スキルのポイントを示す際、その場ではその通りに実行できたとしても、日常生活やその先の高校生活まで忘れないようにすることが難しいことが予想されました。そのため、少しでも記憶に残りやすいように、それぞれ４つのポイントを「なかよし」「つきあい」という語呂に合わせ、活用しやすいように工夫して掲示することとしまし

―さまざまな「個性」に出会おう！―

ワーク①　あなたのプロフィールを書き込もう！

好きなもの・こと	苦手なもの・こと	性格を一言で表すと…
ナゾのこだわり・クセ	小さい頃、好きだった遊び	大人になったらしてみたいこと

ワーク②　ほかの人のプロフィールをフカボリしよう！

誰のどんなところが印象に残った？

フカボリしてみてわかったことは？

共感したことや意外だったことは？

ワーク③　さまざまな個性に触れてみて、感じたことを書こう！

●図5－1　第1回のセッションで使用したワークシート

フカボリサポートツール

◆ フカボリするために次の質問を使ってみよう！

- ○○について、もっと詳しく教えてもらえる？
- それはどんな理由でそうなの？
- ということは、△△もそうだったりする？
- もっとこうだったらよかったのにと思ったりする？
- ほかにも似たようなことで、何かある？

● 図5－2　質問を手助けするためのヒント集

な	仲間に近づく
か	確認する
よ	弱みを打ち明ける
し	質問する

つ	都合を尋ねる
き	気持ちを伝える
あ	相手に意見を求める
い	意見を否定せずに聞く

● 図5－3　「相手のことを尋ねる」スキルのポイント（左）と「悩みを打ち明ける」スキルのポイント（右）

た（図5－3)。「相手のことを尋ねる」（なかよし）のポイントの１つである「弱みを打ち明ける」は、この語呂合わせを考えるうえで取り入れたポイントでしたが、卒業生に聞いた高校入学当初のエピソードとして「自分をよく見せようと頑張り過ぎていた」といったことを防ぐ目的があります。「悩みを打ち明ける」（つきあい）のポイントとした「相手に意見を求める」「意見を否定せずに聞く」については、事前アンケートの結果から苦手意識があるとした部分に対応しています。

Point

SSTでは対人関係を構築するためのソーシャルスキルを学びますが、生徒が隠れたメッセージとして「自分をよく見せないと失敗になる」という受け取り方をしないように注意する必要があります。この実践でも強調されているように**「自分なりのキャラクター」に照らし合わせて、取り入れやすいやり方を自ら発見していく**という過程が重要です。（新川）

❼プログラムの実施

第１回のセッションでは、はじめにSSTの目的やソーシャルスキルを身につけることの意義について伝えました。生徒たちには、高校生活をポジティブな気持ちで臨んでほしかったので、「いろいろな人との出会いがあるなかで、仲良くなりたいなと思える人がいたときに、自分からそのきっかけをつくるため」の練習の時間であることを強調しました。そして、自分のことをスムーズに話せるように、自分自身のプロフィールを作成してから、みんなで輪をつくって発表し合いました。このとき、担任や実習生も一緒に参加したこともあってか、生徒たちもやや緊張した面持ちで臨んでいたように思います。

実際にやってみると「好きなもの・こと」の話題よりも「苦手なもの・こと」「ナゾのこだわり・クセ」などの話題のほうがリアクションも大きく、盛り上がりました。ある生徒は「海が怖い」と言い、その理由を尋ねられた際に「自分が吸い込まれそうな気がする」「どこまでも果てしない感じが不安になる」と話すと、周囲の生徒たちは目を丸くして驚いていました。また、「お刺身は、しょう油をつけないで食べる」と話した生徒にもみんなの関心が向き、その理由が「魚本来の味が楽しめるから」と明かされると、納得できない表情を浮かべていました。これらの様子は、ふだんの生徒たちからすると新鮮な反応であり、わかりきっていると思っていたクラスメイトの新たな一面を知るよい機会になったように感じます。セッションの終わりには、今回の体験を振り返り、**「自分とは異なる価値観をもっ**

た人の話を聞くのは興味深い」ということ、**「無理に話題を合わせたりせず、自分のことをそのまま話すだけでよい」**ことを伝えました。

第２～３回では、通常のSSTの手続きに沿って、前回でも扱った「相手のことを尋ねる」スキルについて、より現実的な場面を想定した練習を行いました。まず練習場面に用いたのは、自己紹介の後に近くの席の子に話しかけるという場面です（図5－4）。ここでは、特に弱みというわけではありませんが（生徒にも伝えています）、つい引け目を感じてしまうことも多い「へき地出身」であることをあえて話題にすることを例として示しています。最初なので、ロールプレイという形式に慣れるため、やや決まったセリフが多めですが、質問の部分に関しては、前回の自己紹介で知った情報をもとに話題を自分で考えて相手に尋ねます。モデリングのパートでは、相手役を演じた大学生（実習生）に質問されたことについて「自分に関心をもってくれて嬉しかった」と気持ちを語ってもらい、自ら話しかけることのメリットを強調しました。

練習場面　自己紹介の後に…

自分（せっかくだから、隣の子に話しかけてみよう…）

自分「ねえ、○○中って言ってたよね、どんな学校なの？」

相手「駅から近い所にあって、学年で７クラスあったよ」

自分「そうなんだ！私(俺)○○中で１学年６人しかいなくて
こんなに人多いの初めてなんだよね」

相手「ええ！？　それは少ないね」

自分「うん、知り合いもいないから、これからよろしくね
ちなみに＿＿＿＿＿＿＿＿＿＿？（質問してみる）」

● 図5－4　初対面の人に話しかけるロールプレイに用いた場面

その後、この場面以外にも、移動教室に必要なものを確認する場面、掃除を頑張っている子に話しかける場面、話が盛り上がっているところに参加する場面についても、**徐々に本人らしいやり方で演じる余地を増やしながら、ロールプレイを行っていきました。**生徒からは「〇〇出身をウリにしていこうと思った」「知らない話題でも恥ずかしいと思わなくていいんだと気づいた」「趣味が一緒じゃなくても、仲よくなるきっかけにできる」といった感想が聞かれ、SSTを通して初対面の子に話しかける自信が少しついたように感じられました。

第4〜5回では、「悩みを打ち明ける」スキルについて、部活選びで悩んでいる場面、苦手な科目でつまずいている場面、委員会の仕事の負担が大きくて困っている場面、友だちにSNSに載せてほしくない写真をアップされてしまった場面をロールプレイの題材として取り組みました。また、それぞれの場面では、相談相手にどのようなことを期待するかを自分で選び、具体的に伝えるようにしました。たとえば、委員会の仕事について先生に相談する場面では、求めるサポートに応じて、「仕事の負担を減らしてほしい（道具的サポート）」「効率のよいやり方を教えてほしい（情報的サポート）」「頑張っていることを励ましてほしい（評価的サポート）」「とにかく悩んでいることを知ってほしい（情緒的サポート）」といった例のなかから自分で選択したものを実行しました。

さらに、相談相手から得られたサポートが求めていたものかどうかにかかわらず、相談を聞いてくれたこと自体にひとまず感謝を伝えるという練習を行いました。ただし、フィードバックの際に明らかとなったのですが、このあたりのニュアンスがなかなか難しかった印象で、「感謝をする」=「受けたアドバイスを採用しなければならない」と受け取っている生徒もいました。そのため、**相談したとしても納得のいくサポートが得られるとは限らないこと、相手の対応について満足できなければ再度してほしいことを伝えたり、「もう少し自分で考えてみるね」などとその場はやりすごして、アドバイスを採用するかどうかは自分で判断してよいこと**を全体で共有しました。

Point

ソーシャルスキルを適切に実行するということは、相手の気持ちを常に優先することではありません。**相手に自分の要求がもっと伝わるように、さまざまな表現があることを知り、自分の意思で選べるようになる**ということが大切です。また、適切にスキルを実行したとしても、必ず満足するような結果が得られるとは限らないという前提を共有することで、獲得されたスキルが失われにくくなることが期待されます。（新川）

⑧プログラムの評価

SSTプログラムの効果については、第１回のセッション時と第５回のセッションが終わって１週間後のタイミングで、生徒にアンケートを実施して評価しました。アンケートは、①Hokkaido Social Skills Inventory中学校版（HSSI；新川・冨家，2015）、②児童青年版援助要請スキル尺度（本田・新川，2023）、③高校入学後の対人的自己効力感を測定する項目（本実践において作成；表5－1）を使用しました。

それぞれの合計得点について、SSTプログラム前後で比較してみると、ソーシャルスキル（HSSI）については６名中１名が＋９点、援助要請スキルについては６名中２名が＋６点であり、臨床的に意味のある、または誤差よりも大きいと考えられる得点の上昇（新川・冨家，2019；本田・新川，2024）が認められました。また、対人的自己効力感については、基準となる得点が存在しませんが、「１」や「２」という回答が多かった２名の生徒において、それぞれ＋４点、＋６点の得点上昇がみられました（他の生徒は±１点の範囲）。これらの結果から、少なくとも一部の生徒では、ソーシャルスキルだけでなく、援助要請スキルの獲得や入学後の自己効力感の向上に対して、今回のSSTが効果をもたらしたと考えられます。

さらに、得点の上昇が大きかった生徒に焦点を当てて、各項目の得点変化を細かく見てみると、本実践で標的としたスキルに対応する「仲間に加わる」や「悩みを相談する」といった項目で特に得点が上昇しているようでした（図5－5）。

もちろん、この取り組みが実際に成果をもたらすかどうかは、生徒たち

表5－1　本実践で作成した対人的自己効力感を測定する項目

高校入学後、次のようなことがどのくらいできると思いますか？ 1から4の中からあてはまる数字1つに○をつけてください。	絶対できないと思う	たぶんできないと思う	たぶんできると思う	絶対できると思う
1　初めて会う子とも仲良くすることができる	1	2	3	4
2　その気になれば、友だちの一人や二人はすぐにできる	1	2	3	4
3　クラスの皆の前で、自己紹介を上手にすることができる	1	2	3	4
4　話したことがない子に、自分から話しかけることができる	1	2	3	4
5　休み時間に、友だちと楽しく過ごすことができる	1	2	3	4
6　自分が知らない話題で盛り上がっている時、その輪に入っていく	1	2	3	4
7　困ったときにお互いを支え合うような関係を築くことができる	1	2	3	4

が高校に入ってからでないと正確にはわかりません。しかし、ふだんの様子を見る限り、以前よりは生徒同士の会話が増えたように感じられます。SSTプログラム全体に対する生徒の感想についても、概ねポジティブなものが寄せられており、ふだんはあまり積極的に言葉を発さない生徒からも「高校生活では自分から声をかけて友だちをつくりたい」という抱負が語られていたことが強く印象に残っています（後日談ですが、この生徒の卒業後に所用で連絡を取った際には、順調に高校生活を送っているという話を聞くことができました）。振り返ってみると、もっと早い時期からこうした取り組みを実践していればと思うことはありますが、当初の目的の1つであった「高校生活にポジティブな気持ちで臨む」ためのきっかけづくりにはなったのではないかと思います。

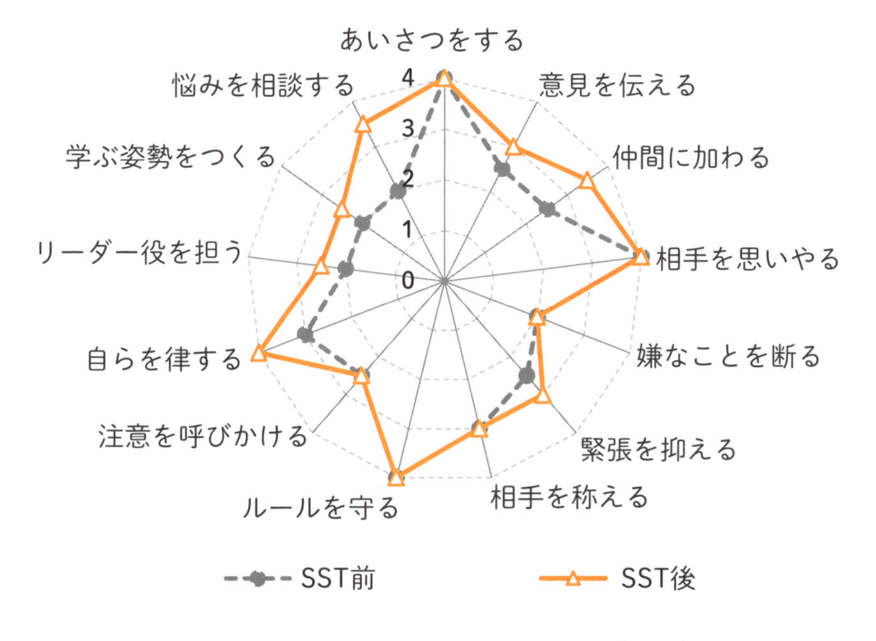

● 図5－5　ある生徒におけるソーシャルスキル尺度（HSSI）項目得点のSST前後での比較（集計ツール「ほっと」を使用）

本節のまとめ

本実践は、へき地・小規模校ならではの課題意識に基づき、高校入学後の学校生活において実用的なスキルの獲得を目指すだけでなく、他者と交流することへの動機づけを高めるような実践になっています。また、その節々には、本人のキャラクターや意思を尊重することの重要さを強調するメッセージが含まれています。こうした態度は、へき地・小規模校に限らず、SSTを実践するうえで見本とすべきものといえるでしょう。（新川）

Introduction

本節では特別支援学校高等部における第1層支援のSSTの取り組みを紹介します。生徒のニーズに基づき、実習や就労に向けたコミュニケーションのスキルを身につけるSSTです。

2 特別支援学校高等部における実践

事例2 現場実習や就労先のニーズを踏まえたSST

①事例の概要

本節では、特別支援学校高等部における第1層支援として学年単位で実施したSSTの事例を紹介していきます[1)]。本実践の特徴は、ニーズ把握のための調査に基づいて現行のカリキュラムを見直し、現場実習や卒業後の就労先での不適応予防に役立つと考えられる標的スキルの学習に取り組んだことにあります。プログラムの作成過程では、教職員全体で課題意識を共有したことにより、通常の教育活動においても、SSTで学んだ要素を活かしながら指導する場面も見受けられました。実習後の生徒の報告からは、SSTで学んだスキルを発揮することができた様子がうかがえました。

②実践校の概要

実践校は地方都市に位置する特別支援学校高等部（知的障害対象）であり、職業に関する専門教科別にいくつかの学科から編成されています。3年次には現場実習として、実際の職場で働く体験を通して社会での生活を

1）本実践は、新川・清水・粥川・冨家（2020）の実践研究を事例としてまとめ直したものです。

学びます。卒業生のうち、例年２割程度が一般就労についている状況です。また開校以来、キャリア教育に特に力を入れており、内面の変化（内発的動機づけ）を促すことや、その変化が卒業後の社会生活においてどのように発展していくかについて関心を寄せていました。しかし一方で、就労後の職場定着に関しては課題が残ったままでした。こうしたなかで、実践校では研究部が主体となって「卒後アンケート」を毎年継続して実施し、卒業生本人やその就労先の担当者が抱えるニーズの把握に努めてきました。今回の実践は、このアンケートを学校全体の教育活動の改善に活用するために、研究部の担当教員が大学の研究者に協力を依頼したことがきっかけとなっています。

③ニーズアセスメント

まず、研究部が実施した過去２年分のアンケート調査のデータを再分析することにしました。調査の対象者は、卒業生の進路先の職場および社会福祉施設などの担当者72名でした。アンケート調査の内容は、卒業生の職場での様子や、仕事に対する意欲の変化、特に成長を感じる点などについて幅広く自由記述回答を求めるものでした。この調査データについて「修正版グラウンデッド・セオリー・アプローチ」（M-GTA；木下，2003）という質的分析の手法を用いて、いくつかの概念の生成と各概念間の関係性の検討を行い、最終的に卒業生の職場適応プロセスに関する仮説モデルを作成しました（図5－6）。このモデルから、主なストーリーラインとして、①コミュニケーション能力が周囲との良好な関係性を築くことにつながり、職場適応を高めるという経路（左側）、②作業技術や作業に係る遂行能力の高さが周囲に意欲的と評価されることにつながり、結果として職場適応を高めるという経路（中央）の２つのプロセスが想定され、さらにそのプロセスに「社会人としての規範」や「不測事態への対処」が影響することが仮説として立てられました。

このモデルをもとに現行のカリキュラムをどのように改善できそうか、研究部主体で教員間での協議を進めたところ、興味深い意見があがってきました。それは「接遇的なコミュニケーションや作業技術、社会人として

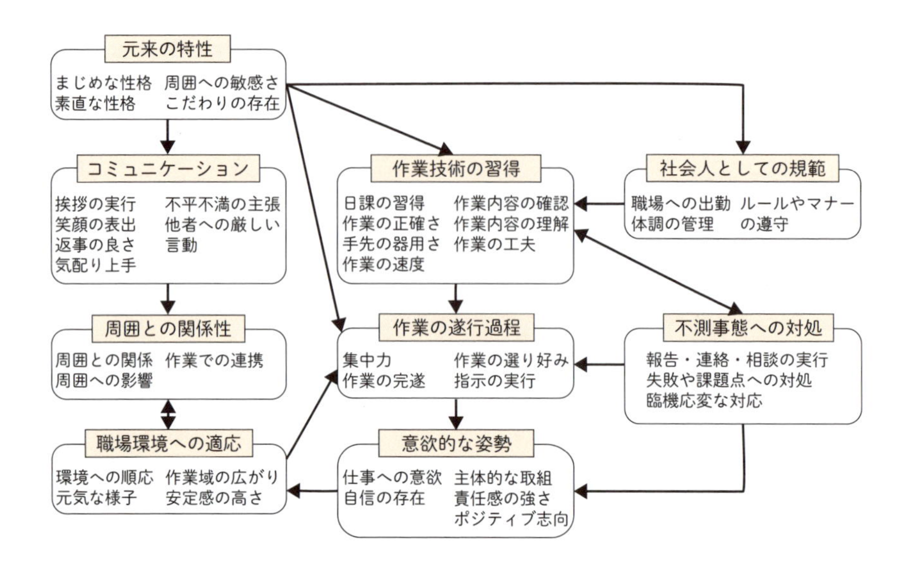

● 図5－6　**卒業生の職場適応プロセスに関する仮説モデル**

の規範についてはこれまで事前学習で指導してきたが、『不測事態への対処』に関しては意識して指導する機会がなかったかもしれない」というものでした。実際、生徒のなかには自閉スペクトラム症の特性から、ふだんと異なる状況に対してパニックになる子も多く見受けられました。そこで、「**不測事態への対処**」をテーマとしたSSTプログラムを、現行のカリキュラムを補う目的で導入することとしました。こうした議論は公開研究会に向けた協議のなかでオープンに進められたため、学校全体で共有する機会も多く、新たな取り組みの提案に対しても教職員間で肯定的に受け止められていた印象があります。

Point

本実践におけるニーズアセスメントでは、学校内での議論にとどまらず、進路先の職場など外部からの意見を取り入れることで、実際にその環境において意味のある資質・技能を見出すことを可能としています。また、**課題意識だけでなく、現行のカリキュラムとどのようなギャップが存在する**

かといった視点から「ニーズ」をとらえているため、教育活動全体におけるSSTプログラムの位置づけが明確になりやすいと考えられます。(新川)

❹プログラムの計画

SSTプログラムは、基礎的なコミュニケーションスキルや作業に係る技能を一定程度学んでおり、現場実習を控えていてスキルを実行する機会があることから3年生を対象に実施することとしました。標的スキルの選択にあたって、不測の事態に対して上手に対処できなかったという「失敗エピソード」を生徒やクラス担任から収集したところ、「矛盾した指示をされて固まってしまった」「わからないことがあってもうまくそのことを伝えられない」などのエピソードがあり、これらをロールプレイの題材として扱えるように「無理なことを断る」「わからないことを聞く」スキルをSSTの標的スキルとして設定しました。また、直接的には不測事態への対処に関係するものではありませんが、現場実習に向けて職場に好意的に受け入れてもらえるように、さほど習得のハードルが高くないと予想される「感謝の気持ちを伝える」スキルを学ぶセッションを初回に位置づけたいという要望が学年会からあがったため、このスキルを含めた3つの標的スキルをテーマとしたSSTプログラムを計画することになりました。

❺対象集団に合わせた工夫

SSTプログラムを実施するうえで、対象となる生徒の特性を踏まえた場合、SSTという慣れない授業形式に戸惑いや緊張を見せることが予想されることから、各セッションの開始直後には服部・大対(2014)のSSTマニュアルなどを参考に「アイスブレイク」を取り入れることで生徒同士の緊張を和らげる時間を設けました。さらに、各スキルにつき1回きりのセッションでは実生活において実行できるほどの習得度には至らないことが懸念されました。そのため、ロールプレイのための問題場面をより多様に設定し(表5－2)、同一場面においても多様な行動レパートリーを練習する「応用学習」のセッションを設定するようにしました。

● 表5－2　ロールプレイの題材とした問題場面

標的スキル	問題場面
感謝の気持ちを伝える	友だちが体調を心配してくれたとき 友だちが落とし物を届けてくれたとき 職場の人が作業を手伝ってくれたとき 作業を手伝ってくれた人がミスをしてしまったとき
無理なことを断る	体調が悪いときに友だちに遊びに誘われたとき 友だちに買ったばかりの本を貸してと言われたとき 一度にたくさんの仕事を頼まれたとき 親しくない職場の人から食事に誘われたとき
わからないことを聞く	電車を間違えて乗ってしまったとき お店で探し物が見つからないとき わからないことを質問するとき 職場先で忘れ物をしてしまったとき

⑥プログラムの実施

最終的にSSTプログラムは全６回のセッションから構成され、「総合的な学習の時間」を利用して実施されました。授業は複数のクラス合同で実施し、あらかじめ複数のクラスの生徒が混在するように４～５名の小グループで編成することとしました。これは標的スキルを実行する相手が職場の人を想定していることから、あまり顔なじみのないさまざまな相手と練習できたほうが効果的だと考えたためです。各グループには、担任または副担任が必ず進行役として付きます。プログラムは「感謝の気持ちを伝える」「無理なことを断る」「わからないことを聞く」の順で３つの標的スキルをテーマとして、SSTと応用学習のセッションが交互に組まれました。プログラムの指導案は事前に共有し、毎回のセッション前に５～10分程度、教職員の役割を確認する打ち合わせの時間を設けました。ロールプレイの場面によっては、教職員をロールプレイの相手に見立てることもあったので、応答やフィードバックの際に気をつけておきたいことを共有するねらいもありました。

SSTの各セッションでは、まず開始時にアイスブレイクとして「ヘリウムリング」などを取り入れました。これはグループ全員がまず円形に並び、フラフープを両手の人差し指に乗せて、スタートの合図とともに一斉にフラフープを床に下ろすというゲームです（イラスト参照）。このとき、誰の指からもフラフープが離れないようにするのですが、お互いにタイミングを合わせないと指からフラフープが離れていってしまうため、それを防ごうとして上方向に力が働き、思うように床に下ろすことができなくなるという難しさを体験することになります。このとき、興奮して少し言葉が乱暴になってしまう生徒も見受けられたのですが、後の全体指導の時間のなかで**「余裕がなくなるとつい相手のことを考えずに発言してしまうことは誰にでもあること」として、思いどおりにいかないときにこそ自分がどう振る舞うべきかを意識することが大切**だと伝え、ソーシャルスキルを学ぶ意義を強調するようにしました。初回のセッションではやや緊張が見られたものの、回が進むにつれてアイスブレイクも盛り上がるようになり、グループのなかでも自然に会話が増えていったように思います。

SSTのセッションでは、最初に標的スキルのポイントをすべて示すのではなく、実際に見本を見せながら、適切でない例と対比させ、スライド上で1つずつポイントを明かしていくというやり方で進めていきました。ロールプレイでは、初めにモデリングで使用した場面と同じ場面を使用して標的スキルを練習し、応用学習ではさまざまな問題場面にチャレンジするようにしました。特に今回は「不測事態への対処」がテーマであったため、SSTという授業に慣れてきたタイミングで、葛藤が生まれたり、やや

複雑な感情になるような場面を設定しています。

たとえば、第5～6回のセッションでは「わからないことを聞く」を標的スキルとして、「自己紹介のときに何を話せばよいのかを正しく聞いたのに、意味のわからない答えが返ってきた場面」を問題場面としています（図5－7）。

ふだんの様子を見ていると、混乱して固まってしまったり、その場では「わかりました」と返して後で困ったりすることが予想される場面です。実際、最初のほうでは「ありがとうございました」と即座に答え、ロールプレイの相手役を担う教員から「では、どんなことを話しますか？」と尋ねられて「えーと…」と苦笑いする、というシーンが見受けられました。そこで、わからないことを聞いて相手が答えてくれたとしても、その答えがわからなければ無理に納得しなくてもよいこと、もう一度違う説明の仕方を求めてもよいことをフィードバックすることで、「ちょっと言葉が難しかったので、やさしい言葉で教えてもらえますか？」などの応答が見られるようになりました。

上司に質問をする場面

A（この後の自己紹介、何話せばいいんだろう…）
（深呼吸をして）「あのー、今大丈夫でしょうか」

B「Aさん、どうかしたの？」

A「＿＿＿＿＿＿＿＿（わからないことを聞く）」

B「コミットしたいタスクをシェアすることがマスト」

A「＿＿＿＿＿＿＿＿（素直な気持ちを伝える）」

● 図5－7 「わからないことを聞く」スキルを使用する問題場面

印象的だったのは、同じ場面設定で「いや、意味がわからない！」と怒りの感情を見せた生徒とのやりとりです。ロールプレイとはいえ、その生徒は質問したのに理解できない答えが返ってきたことに納得できていない様子でした。そこで、その感想を否定せずに、「そう！ わからないって言っていいんだよ。わからないって言ってくれないと、こっちもわかったんだなって思っちゃうし。相手への伝え方はいろいろあるけど、まずはそれが相手に伝わることが大事だよね」と伝えると、驚いた表情を浮かべながら「え？ 納得しなくていいの？」とトーンダウンし、その後は積極的にロールプレイに参加する姿勢を見せるようになりました。その生徒は後に実習先の事前面接で好きな教科を聞かれた際、「SSTの授業」と得意気に回答したようです。これは一例にすぎませんが、ソーシャルスキルを学ぶ意欲が低いように見える生徒のなかには、**「コミュニケーションが上手であること＝相手に都合がよい振る舞いをすること」ととらえている生徒がいるかもしれません。** SSTは生徒にとって、適切なソーシャルスキルを学ぶ時間というだけでなく、自分の率直な気持ちを大切にしてよいんだということを代弁してくれる時間でもあったのかなという気づきを得ることができました。

Point

SSTは標的スキルの例としてある程度決まった「型」を教えていくことがスタンダードなやり方ではありますが、見本どおりの振る舞いを絶対的なものと考える必要はなく、**相手の権利を侵害しない形であれば自己表現のバリエーション（行動レパートリー）はむしろ多様であってよいことを伝えていくことが大切です。**（新川）

⑦プログラムに参加した教師の意識変化

各セッションの後には、進行役として参加した担任・副担任から毎回プログラムに対するフィードバックを求め、プログラムの質の向上に努めました。教員からは授業に対する感想だけでなく、「生徒に合った振る舞い方を引き出すために、こちらの働きかけも多様にしていく必要があると思った」「これまで『わからないことがあったら教えてね』と伝えるだけであったが、具体的に段階を踏んでスキルを教えなければいけないことに気づいた」など、通常の教育活動における生徒へのかかわり方にも波及するような気づきを共有してもらうことができました。

⑧取り組みの効果

本実践ではSSTプログラムの前・後および現場実習が終わった後（介入後３か月）のタイミングで、①新川・冨家（2019）の「ソーシャルスキル尺度（HSSI）」の項目を生徒の水準に合わせて一部改変した尺度と、②永浦・山口・富永（2014）の「ストレス反応尺度（PSRE）」を使用した調査を実施しました。また、①の尺度については、生徒本人が回答する自己評定だけでなく、教師評定も併せて実施することで、担任・副担任の視点から見た評価を反映させるようにしました。その結果、①HSSIの教師評定得点がプログラム前後において統計的に意味のある上昇を示し、また現場実習後までその得点が維持していたことから、少なくとも教師から観察可能な範囲ではソーシャルスキルが全体的に向上したと結論づけました。ただし、HSSIの自己評定得点については、得点上昇が見られなかったため、生徒本人の認識との間にはギャップがあると考えられました。

②PSRE得点については、プログラム開始前の得点域をもとに「低得点群」「中得点群」「高得点群」の３群に分けて得点推移を確認したところ、プログラム実施以前にストレス反応の高かった「高得点群」において、プログラム終了直後——介入後３か月の間、つまり現場実習前後において得点が顕著に低下していました（図５－８）。この結果から、不適応のリスクが高かった生徒も実習を通して心理的な適応状態が改善されたと考えられました。

⑨プログラム実施後の生徒の様子

ある生徒は、通学中の電車で寝過ごしてしまいましたが、SSTの授業を思い出し、駅職員に援助を求め、自力で母親の待つ駅にたどり着くことができたという印象的なエピソードがありました。また、別の生徒は、現場

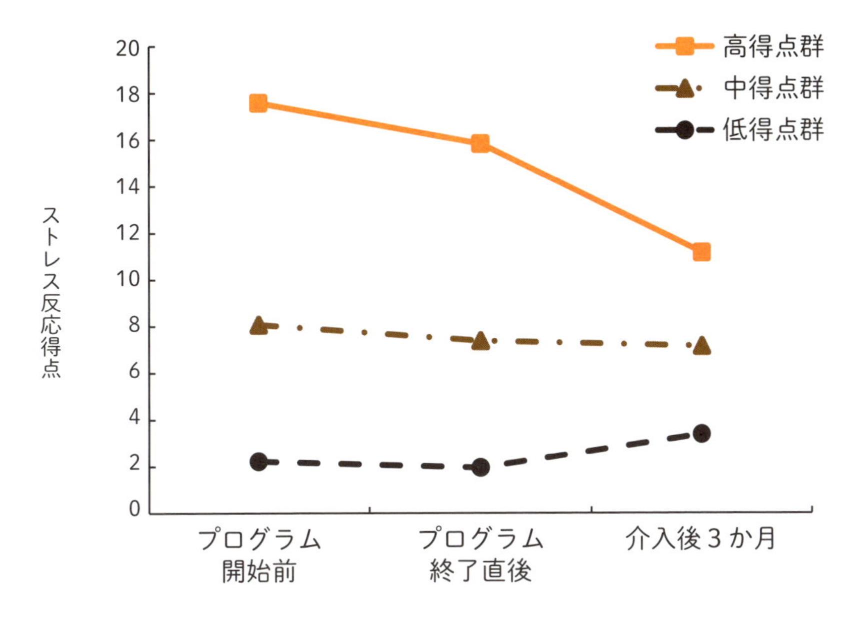

● 図5－8　**得点群別に見たストレス反応得点の推移**

実習初日に通勤バス内で財布を落としたことに気づき、いつもならパニックに陥るところですが、冷静に、実習先だけでなく、学校と家に連絡するという対応をとることができました。もちろんこれらのすべてがSSTの効果によるものとはいえませんが、SSTで学んだスキルが生徒の生活のなかで活かされているように感じられました。

⑩プログラム終結後の展開

本実践で取り組んだSSTプログラムは、概ね期待どおりの成果を得ることができたと学年会でも評価され、次年度以降も継続して実施することになりました。また、効果の面で課題とされた自己評定とのギャップに対しては、次年度のプログラムの改善ポイントとなり、日常生活における自己の変化に対するフィードバックの機会を増やすために、特定の場面での標的スキルの達成度を自ら振り返るためのワークシートを配布し、記録するように求めました（セルフマネジメント方略）。このように学校全体が抱える課題を見直し、それらに対応する形でSSTプログラムを位置づけ、定量的・定性的評価を用いて見出されたプログラムの改善点を次年度の活動に取り入れるといった一連の流れは、教員間においても納得感をもちながらプログラムを実施することにつながったと考えられます。

本節のまとめ

本実践は、SSTの内容自体はスタンダードな形式に沿って構成されているものの、その作成過程では卒業後に生徒が抱える適応上の課題と向き合い、学校全体が目指す教育観を共有するなかでSSTを位置づけることに成功した好事例だと考えます。また、SSTの授業内で取り上げられた生徒とのやりとりは、ソーシャルスキルを獲得した先の「本人を主体とした適応観」をないがしろにしないことの重要性をあらためて感じさせられる事例でした。（新川）

Introduction

本節では、高校において、学校全体で第１層支援のSSTを行い、その後、個別ニーズのある生徒への第２層支援につなげた事例を紹介します。

3 高校の通級における実践

事例3 高校の通級における農作業場面を活かしたSST

①事例の概要

実践校は県内各地から多様な生徒が集まる農業高校であり、そのなかには学校生活や学習活動に困難さを抱える生徒もいました。そこで、まず学校全体で取り組む第１層支援として、**１年生全員を対象とした学校設定教科「ライフスキルⅠ」**を設け、ソーシャルスキルの基礎を全員で学び共有しました。そして、このなかで取り組む心理検査の結果や、ソーシャルスキルに関するアンケートの結果について専門家の助言をもとに分析し、個別の支援が必要と判断される生徒を選定しました。選定された生徒は、**希望に応じて、第２層支援として通級による指導「ライフスキルⅡ」**を受講することができます。これらの取り組みにより、個別のニーズに応じた生徒支援と、通級による指導を活かせる校内支援体制の整備を推進しました。

②エピソード

通級による指導「ライフスキルⅡ」は週２回実施され、その内の１回は生徒の設定課題に沿った室内でのSSTです。こちらはグループでの活動もあれば、個別指導の回もあり、それぞれの生徒の設定課題につながる学びとなるよう、柔軟な形で取り組みます。そして、もう1回が屋外での農場経営を通した小集団での活動です。生徒たちは、室内でのSST等での学びについて、実際の農業実習を模した活動のなかで意識し、行動につなげます。感情的な言動が課題であった生徒が、農場経営の活動中に困難な状況に直面した際、室内でのSSTでの学びを活かして、適切な行動をとることができた事例もありました。また、ある生徒は他者とのコミュニケーションに課題を感じていましたが、室内でのSSTを通して、伝え方のコツやちょっとした表情のコントロールを意識することを学びました。そして、その学びを農場経営の活動でも発揮し、苦手だった共同作業を円滑に進めることができるようになり、自信を深めることができました。通級による指導を機能させるためには、個別の指導・支援に加え、生徒たちがそこで学んだ内容を日常生活で発揮するための工夫や環境づくりもまた、大切になってきます。

③通級による指導の導入

実践校は農業高校であり、毎年、県内各地より次代の農業を担う人材として多様な生徒が集まります。そうした生徒のなかには生活面でのさまざまな困難を抱える生徒もおり、学校での学習活動に支障が出ている生徒もいました。そういったケースについては従来、教育相談の業務のなかで対応はしていましたが、通級による指導を学校の教育課程に設けることで、個別のニーズに沿ったよりきめ細やかな支援が可能となること、あわせて学校の教員全体に生徒支援への意識が高まることも期待されながら、取り組みが始まりました。

通級による指導を実施するにあたり、まず、今まで高校にはなかったこの授業が、高校生から見てどのように映るだろうかという心配がありました。そこで授業名を２年生は「ライフスキルII」、３年生は「ライフスキルIII」とし、希望する生徒が通級による指導を選択授業の１つとして受けられる形にしました。それぞれの生徒が英語や農業科目などを選択する授業枠のなかでの選択肢の１つとして見えるので、何か特別なものであるかのようなイメージをもつことなく、受講しやすい環境をつくることができたと思います。

また、1年生には、「ライフスキルⅠ」という名称の学校設定教科を設け、生徒全員が週に1回受講するように教育課程を設定しました。ライフスキルⅠは「じぶん」「なかま」「まなび」の3テーマで内容を構成しており、各回に学校生活の土台づくりを目的とした講義やワークショップを実施します。たとえば、「じぶん」では、心理検査やそのフィードバックで自身の行動や考え方の特徴を振り返る機会とし、さまざまな講義で学校生活をよりよいものにするための考え方を学びます。「なかま」ではみんなにとって安心できるクラスのあり方について議論したり、ロールプレイを通したSSTにより、友人やクラスメイトとの上手なコミュニケーションの取り方を学んだりします。そして「まなび」では将来の進路も意識しながら、社会人として必要な知識や、勉強に取り組んでいくうえでの学び方のコツを身につけるといった内容です。

ライフスキルⅠ　各回タイトルの例

- **アンケートや心理検査等での自分分析（じぶん）**
- **目標に近づくために必要な行動は？　目標設定シート作成（じぶん）**
- **自分も相手も大切にする恋愛と性（じぶん　なかま）**
- **障がい者、言ってるあなたは障害物（じぶん　なかま）**
- **相手に配慮した上手な断り方（なかま）**
- **いじめを許さない人権講話と紙上討論（なかま）**
- **これからできるようになりたいことは？　そのための準備（まなび）**
- **語彙力検定の対策をしよう（まなび　なかま）**

ライフスキルⅠは、通級による指導ではありませんが、多くの生徒にとっては必要な内容であり、学校生活をよりよくすごすための基礎が学年の生徒全員で共有されている状況につながります。そして、2・3年生で通級による指導として個別に受講できるライフスキルⅡ・Ⅲのチュートリアルのような役割も果たしてくれます。

生徒は通級による指導であるライフスキルⅡ・Ⅲの内容について、個別に受けられるライフスキルⅠのような授業であると理解します。そこでも、何ら特別なものというイメージは生まれません。通級による指導が自身にとって役立つと思うから受講し活用する、という主体的な姿勢で生徒が通級による指導を受ける流れをつくることができました。

Point

思春期の生徒にとって、級友と異なる指導・支援は、羞恥心や反発心、自己肯定感の低減をもたらすことがあります。このような生徒の理解や感情を和らげるうえで、「ライフスキルⅠ」のような土台となる授業を学年全体に設けたことが有効だったと感じました。（半田）

④通級による指導を受ける生徒の選定基準

通級による指導を受けるにあたっては、本人が受講を希望していることが前提ですが、受講を希望する生徒がそのまま通級による指導が必要な生徒であるとは限りません。また、通級による指導が必要な生徒を客観性のあるデータに基づいて整理できれば、受講の希望調査前にその生徒にある程度の促しや意識づけも可能になります。そこで、通級による指導を担当する教育相談部を中心に、大学の専門家の助言を活用しながら、客観的なデータに基づいて候補者となる生徒を選定する仕組みづくりを進めました。

選定においては、1年次に全員が行う心理検査や学力検査、生活アンケートといった各アセスメントの結果と、学校生活のなかで教員から教育相談部にあげられた生徒の情報を使用しましたが、なかでも重視したのは、ソーシャルスキルに関するアンケートの結果でした。これはライフスキルⅠにて学年単位で行ったSSTの実施前後にとるものです。実施前のアンケートでソーシャルスキルの数値が低く出てもSST後に向上が見られる生徒は、集団指導の形態でも効果が期待できる生徒といえます。たとえ向上後の数値が依然平均値より低いという場合でも、個別の指導を必要としているのかという観点では、優先順位は高くはなりません。一方で、実施前にソーシャルスキルの数値が低く出てSST後も変化が見られない場合、集団での指導だけではなく個別の指導が必要な生徒である可能性が高くなります。そうした生徒は希望した際に優先的にライフスキルII・IIIを受講できる候補者として整理していきました。

初めてライフスキルIを受講した学年に、次年度の通級による指導の希望調査をしたところ、８名程度を上限と考えていましたが、30名以上の希望者が出ました。そこに前述の選定基準で候補者としていた生徒を重ねることで、本人が受講を希望し、かつ通級による指導が必要であると判断できる８名を選定することができました。

Point

学校では、教師や保護者による主観的な評価に基づく意思決定が多くの場面で用いられます。主観的な評価が有効である一方、本実践のように客観的な評価を用いることが、生徒の多面的な理解を促し、教員間の共通理解につながることもあります。（半田）

5 通級による指導の具体的な流れ

当時の教育相談部の教員の数は５人でした。そのなかの１人が通級による指導の主担当であり、残りの４人（農業科３人と家庭科１人）が交代しながらサポートに入る形で時間割を組みました。通級による指導は週２時間実施されます。そのうちの１時間は室内でのSSTにあて、もう１時間は農場経営の活動を実施しました。通級による指導において、学びの場面とそれを実際に行動に移してみる場面を確保することが目的です。

通級による指導を受ける生徒は、まず室内のSSTの時間を活用し、生徒それぞれがこの授業を自らデザインするという説明を受け、目標設定シートを作成します（図５－９）。目標は、「本人の願い」「保護者の願い」「よのなか（社会）の願い」と分類し、自身のありたい姿につながる具体的な行動目標を整理します。そして、年間を通して通級による指導に取り組みながら、担当の教員からフィードバックを受けたり、自身で記録をとって振り返ったりすることで、「願い」や「設定課題」の内容を更新しつつ自身の成長を確認します。

記入例

ライフスキルⅡ　授業デザイン　　2年 ○○科　名前【 ●●●● 】

週に2回の授業で自分がどう成長していきたいか、この授業を受ける意味をあなた自身がデザインしていきます。
ライフスキルⅡの授業が進む中で、「願い」の部分も「設定課題」もどんどん付け加えて更新していくので、最初の「設定課題」は一つでかまいません。

あなたの願い	保護者の願い	よのなかの願い
・周りに振り回されない自立した自分になりたい ・大人と会話ができるようになりたい(9月追加)	・社会人としての礼儀を身につけて欲しい ・自分から勉強をするようになってほしい	・じぶん を育てよう ・なかま になろう ・まなび に親しもう ・語彙力をつけよう(9月追加)

設　定　課　題　＊この授業だけでなく、日常的に意識していきたいことを

・嫌なことは嫌だとはっきり伝えられるようになる。
・周りの人に対して丁寧な言葉遣いをする。(9月追加)

●図5－9　ライフスキルⅡの授業での目標設定シート

室内でのSSTは、小集団場面と個別指導場面を目的に沿って使い分けながら実施しました。たとえば、コミュニケーションスキルを課題としている生徒の場合、担当の教員から学ぶ内容はもちろんありますが、実践する相手としてはやはり同級生が望ましいでしょう。お互いが実践相手になったりモデルになったりと、高校生ならではの通級による指導が展開できます。一方で、担当の教員に相談しながら最近の自分自身のコミュニケーションについてゆっくりと振り返るような場面が必要なタイミングもまたあるでしょう。こうした使い分けがいつでもできるよう、通級の授業時間には必ず複数名の教員が担当となって指導を行っていました。

ライフスキルⅡ　SSTの内容例

- 質問ゲーム×洞察力
- トークの達人　上手な会話のコツをつかむ練習
- 語彙力を磨くゲーム
- ケンカのやめ方・やめさせ方（「ケンカ」についての研究）
- マウンティングに注意（人間関係とSNS）

・相談にのってみよう
・個人面談　設定課題の確認と更新

屋外での農場経営は集団で活動しますが、それぞれが別々の目標をもった取り組みになり、担当の教員も生徒の目標に沿った指示やアプローチをしたり、役割を与えたりします。設定課題によっては、リーダーとしてのまとめ役が多く回ってくる生徒や、みんなへの連絡役が多く回ってくる生徒もいます。作業が終わると、担当の教員からのフィードバックがあり、農場経営についての話も交えながら、その時間の一人ひとりの行動の振り返りを促します。その後、室内のSSTで最近学んだ内容を重ねながら、生徒はその時間の振り返りを行う、という授業の流れです。**農業高校の生徒なので、農場をうまく経営したいという気持ちも生徒に当然芽生えますが、農作物がうまくできるかが一番の目的なのではありません。農業を学ぶ時間ではなく、農業で学ぶ時間なのです。**

⑥実践のケース例

【①Aさんのケース】

ライフスキルⅡ　Aさんの設定課題例

・人によって態度を変えずに笑顔で話す。また、自分の気持ちを整理して、言っていいことと悪いことを判断する。自分からトラブルを起こさない。ケンカになった場合は上手に解決する。

Aさんは、「自分は時々感情的になりすぎて暴言を口にしてしまう」という課題をあげている生徒でした。Aさんは、室内でのSSTにおいて、ケンカのやめ方・終わらせ方に関する内容（図5－10）や、言葉を増やすことを狙った語彙力ゲームなどの内容に対して、相当に高い当事者意識をもって取り組んでいました。

しかし、順調に農場経営も進めていたなか、せっかく植えた種（たね）が鳥などに荒らされて台無しになった日がありました。生徒みんなにとって非常に

ケンカのやめ方・終わらせ方
今回の資料は、前回（ケンカの当事者・はさまれた人・周りの人）の内容から、
「ケンカの当事者」としての気持ちを他クラスを含む8人分まとめたものです。

【当事者の気持ち】
その①：「止めてくれないかな…何とかしてほしい」
その②：「自分の意見に同意してほしい」
その③：「一人にしてほしい　顔をあわせるとケンカになってしまう」
その④：「笑ってほしい　冗談にしてほしい　いつまでも引きずりたくない」
その⑤：「素直に謝って、自分の悪かったところも言うし、相手にもちゃんと指摘をしてもらいたい」

● 図5－10　SST ケンカのやめ方・終わらせ方（資料の一部）

悔しい出来事ですが、Aさんにとってはまさにうってつけの学習の機会が来たともいえます。実際、Aさんは感情を爆発させてしまい、みんなの前で暴言を口にしてしまいました。しかし、その後すぐに落ち着いて直近の自分の行動を振り返り、取るべき望ましい行動はどのようなものだったのかを自ら言語化し、その日の学びとして記録しました。

その日の暴言は止められませんでしたが、いつもよりも何倍も早いリカバリーに対して周りの生徒も褒めました。そして以降、たとえ通級による指導の際にいやなことがあったときでも、Aさんは感情を爆発させることはありませんでした。

【②Bさんのケース】

ライフスキルⅡ　Bさんの設定課題例

- **日頃から相手がわかりやすいような言葉遣いを意識する。**
- **自分の考えだけでなく、相手の気持ちを考えながら発言と行動をする。**
- **悩み事をまずは自分で解決できるようにする。**
- **できるだけ落ち込まない。**

Bさんは「人に話しかけるのが苦手だ」という課題をあげていた生徒でした。そこでBさんには農場経営の時間に誰かとの共同作業でなければできない仕事を多く割り振り、最初は担当の教員も一緒に仕事をして、Bさんが自ら作業相手に話しかける機会をつくったりもしていました。しかし、最初のころは機会を与えているだけでは行動の変化はなかなか起こりませんでした。Bさんの場合は、週1時間の室内のSSTで、どういう伝え方をすれば相手に適切に伝わるのかをテーマに設定して学ぶようになってから、引っ込み思案だった部分に変化が見られるようになりました。

また、Bさんは、アイスブレイクでババ抜きのようなゲームをやると、ババを持っていることが表情と態度で一目瞭然という生徒でしたが、そのことを周りの生徒から指摘され、自分で表情や態度を意識的に調整するようにもなりました。ある日、カードゲームをした際、ついにBさんが表情と態度で華麗に周りを欺いてみせました。そのとき、欺かれた生徒を含めて参加していた生徒みんなが拍手をし、ある生徒が言いました。「Bさんのコミュ力のレベルが上がった！」。相手への伝え方や伝わり方を意識して取り組んできたことをみんなから承認され、Bさんは農場経営の時間も積極的に話しかける様子が当たり前のように見られるようになっていきました。

・カードゲーム実施後のBさんの感想

「表情に気をつけるとか、自分の気持ちがすぐ表に出ないようにするとか、表現力などたくさん学んでいる」

・他の生徒の感想

「ゲームでの学習は楽しい。自分はよく人を観察するようになった。みんなが成長してきて、当てるのが難しくなってきたと思う」

小集団での活動ではトラブルも…

生徒4人で取り組む農場経営活動にて、2人がブスッとして口をきかない状態で授業が始まったことがあります。前日からケンカをしているとのことでした。このときは、一緒に農作業しながら担当の教員

がそれぞれ個別に話を聞きました。ケンカの原因や経過については傾聴し、室内でのSSTでやったことや自分の課題を振り返らせて考えを整理させる、という対応です。結局は生徒自身でしっかりと解決していました。ケンカをしていた当人たちもですが、当事者ではないそれ以外の2人も「こうした場面で自分に何ができるか、どう行動するか、すごく考えました」と後で教えてくれました。トラブルもそれぞれの学びのチャンスにすることができたようです。

通級による指導の大きな目的は、学んだことが日常の学校生活のなかで活用されるようになることです。しかし、日常となるとフィールドが広すぎるため、場面によっては通級による指導での学びが発揮された際に、適切なフィードバックが返ってこない可能性があります。農場経営の時間は室内SSTで学んだことをすぐに実践してみる場として機能していました。また、農場経営の時間では、担当の教員も、一緒に取り組んでいる他の生徒も、その生徒がこうありたいと思っている内容を共有しているため、生徒にとって嬉しい「イイネ」が返ってくる確率が大きく上がります。

Point

指導・支援で学んだことが他の場面や他の人に発揮されることを「般化」と呼びます。般化を促すためには、色々な場面や人に対してソーシャルスキルを練習できるようにしたり、日常生活のなかでソーシャルスキルに対する望ましい結果が伴いやすいようにしたりすることが重要です。(半田)

⑦高校通級担当の教員の悩み

高校における通級による指導に取り組みながら、まず、高校生らしい通級による指導とは何だろうとよく考え込みました。「こんな場面ではこうするといい」という知識理解はできても、実践する環境は小中学生とは違います。成熟度、教室・友人環境、保護者との関係性、ネット環境、所属校以外の受け皿の存在等、高校生に向けた通級による指導は、小中学校とは条件が思っている以上に違うことを認識して、内容をつくる必要性を感じます。

担当の教員としては、もちろん生徒が学びの主体であることを忘れずに取り組みたいと思っていたので、高校生がポジティブに学べることが第一条件でした。そして、室内のSSTも農場経営も、生徒にとっての「楽しい」という部分が失われないようにしたいと思っていました。また、できる限り長期の視点で取り組みたいと考えました。

しかし、そうして取り組んでいるうちに、自分が今まで教員として行ってきた授業や指導における感覚とのズレを感じることが多くなった時期がありました。あるワークや指導を実施したら、そのワークや指導の成果が早く欲しいと思ってしまう。成果の出るワークがどこかにないか探してしまう。自分の側に何かを教えた感覚や充実感が欲しくなる。せっかくじっくりと生徒と時間を使って向かい合える通級による指導の時間なのですが、「こんなペースでいいのか？」と自問自答していた時期がありました。

そんな葛藤に当時何か対応ができたわけではありません。しかし、今その頃の自分を振り返って思うのは、学校現場で一生懸命取り組んでいるからこそ、担当の教員にとっては生徒の行動を「待つ」ことが、思っている以上に難しいのだろうなということです。「待つ」ことができず、指示して動かしてよしとしてしまったり、生徒が記録の内容に迷っているときに答えのようなものをこちらが言ってしまったりといった場面がやはりありました。行動の主体は生徒であることを教員側もあらためて強く意識しておかなければ、生徒が学校生活のなかで主体的に行動するチャンスを減らしてしまう可能性があると思います。

⑧取り組みの効果

生徒それぞれが自分の設定した課題に向き合いながら、前向きに成長していくという点については、取り組んだ生徒全員に効果があったといえます。「ライフスキルII」を受講したほとんどの生徒が、次年度の「ライフスキルIII」の受講を希望したことからも、生徒自身の感触としてもよかったのだろうと思われます（図５－11）。通級による指導を受けていること自体が、生徒の自信や支えになっていることも多くありました。気持ちの浮き沈みの大きい生徒が落ち込んでしまったとき、「自分は通級をやっているから対処できます」と半分自分に言い聞かせるようにして教室に戻っていく姿も見られました。

また、農場経営の通級による指導については、農業高校ならではの取り組みとして、農業教科の教員がかかわりをもちやすいものであったと思います。時間割で予定に入っていない時間でも、サポートの教員が複数入ってくれたり、教育相談部ではない教員がゲストとして参加してくれたりと、多くの教員が、この農業高校独自の取り組みとして、通級による指導への関心を示してくれることになりました。その学校のスクールアイデンティティや、既存の取り組みとの親和性もやはり大切です。

● 図5－11　生徒の作成したライフスキルII成果発表プレゼンの一部

⑨階層的な校内支援体制

通級による指導を導入する際、担当の教員だけでこの取り組みは進められるものではないという思いから、通級による指導だけではなく、通級による指導を活かすための校内支援体制づくりに力を入れました。学校設定教科「ライフスキルⅠ」のテーマ「じぶん」「なかま」「まなび」も、この学校の生徒として全生徒に意識してほしい行動について、全教員で協議するなかで設定されたものです。自分たちの学校の生徒にこの3年間でどんな力を身につけてほしいかという話とともに、私たち教員はそのためにどんな支援ができるのかを話し合うことは、生徒支援における全教員の目線を揃えていくことにつながります。そして、「ライフスキルⅠ」をはじめとした全教員がかかわる第1層支援が実施されることで、より焦点化された支援として通級による指導、つまり第2層支援を機能化させることができました。

最後に、こうした階層的な校内支援体制を整えることは、学校生活や学習活動における困難さを抱える生徒だけではなく、その学校のすべての生徒にとって学びやすい環境づくりを進めることにつながります。入学したすべての生徒がその学校の学びに触れ、成長していける学校づくりに、こうした生徒支援の視点がより活かされていくことを願っています。

本節のまとめ

本事例は、すべての生徒に対するSSTを経て、さらなる支援の必要性が指摘された生徒を対象に、通級による指導場面でのSSTを実施しています。また、データに基づく生徒の選定や、生徒が主体的に行う目標設定のプロセス、室内と農場といった場の特徴を活かした支援など、示唆に富む取り組みが多くありました。本書が扱っている「本人主体の階層的な支援」を具現化した好事例だと思います。（半田）

Introduction

本節では、第１章で述べた罠①「マジョリティにとっての『ふつう』を押しつけない」、罠②「本人の意見を置き去りにしない」という２点の罠に陥らないためのSST実践として、通級や特別支援学級における自分研究の実践事例を紹介します。それぞれの事例におけるポイントを解説したうえで、学校全体をインクルーシブにしていくための取り組みを紹介します。

4 通級や特別支援学級における自分研究の実践

1 子どもの見ている景色からスタートするSST

「どうせぼくってダメなんだ」「私ってみんなと違う？」

特別支援教育にかかわる日々のなかで、なんとか集団のなかの「ふつう」に合わせられるように、困難を克服できるようにと試みてもうまくいかず、失敗体験を積み重ね、自信を失う子どもたちに出会ってきました。感受性が豊かで、好きなものを突き詰めたり、特定の分野の知識が豊富だったり、強みに着目するとキラッと輝く魅力に溢れていますが、集団の中だと問題を起こす、課題の多い困った子と見られることがあります。

何か問題が起きたときに、「子どもに問題がある」とその子自身が責任を背負わされるアプローチ方法に違和感を覚え、子どもたちに「ダメなんかじゃないよ。素敵なところいっぱいだよ」と伝えたくてもなかなかうまくいかないなと感じていたころに出会ったのが、東京大学先端科学技術研究センターの教授熊谷晋一郎先生の「発達障害当事者研究」（綾屋・熊谷, 2008）でした。この書籍には「コミュニケーションにおける障害とは、二者のあいだに生じるすれ違いであり、その原因を一方に帰することのできないものである」と述べられていました。

子どもを取り巻く社会である環境側を工夫していくこと、また、生じる困難に対して、どちらか個人の責任にするのではなく、間にあるコミュニケーションを工夫していくことが求められているのではないかと考えています。

解説

本節は、本書でこれまで紹介してきたように、第1層支援を経たうえで第2層支援を実践しているような多層型支援には基づいていません。しかし、本節における自分研究の実践は、大人がSSTの罠にはまらないためのヒントや、「共生の技法としてのSST」を実践するためのヒントがたくさんあります。本節は、通級による指導や特別支援学級における実践ですが、通常の学級における第1層支援として「自分研究」を実践することにもぜひチャレンジしてください。（野口）

2 自分研究とは

自分研究（森村，2022）とは、自分の好きなことや得意なことを知り、困っていることや苦手なことを分析し、仲間とともに対処方法を考え、実験（実践）する活動です。自分研究をするときは、子どもは一人の研究者であり、支援者は「共同研究者」という立場をとります。自分自身の研究ですから、いつでも先駆者は本人であり、当事者である本人の言葉や思いは大切にされます。研究のなかでは、大人でも子どもでも、先生でも生徒でも、どんな立場でも、発言は同じだけ価値があるというスタンスで行います。研究に失敗はつきものです。失敗から新しい発見が生まれることもあることが前提です。

「自分研究」を実践するなかで「当事者の声を聴く」ことがとても重要になります。以下にいくつかの「自分研究」をベースとした実践事例を紹介するなかで「子どもの思いを大切にするSST」を考えるうえで大切にしたいポイントを共有します。

解説

一般的には、「教師が子どもに標的スキルを教える」ことが前提になりやすいですが、自分研究においては、教師は子どもたちの「共同研究者」として困りごとに対処するために伴走することが重要視されています。教師が「共同研究者」という立場でいることは、罠に陥ることを防ぐためにもおすすめです。

自分研究における大きな標的スキルとしては、子どもたち自身が自分の困りごとを明らかにすること、困りごとへの対処法を見出すこと、そしてその対処法を実行することですが、その具体的な内容や方法は子どもたちとともに決めていきます。「研究」であるため、子どもたちには「研究に失敗はつきもの」という前提も共有します。つまり、唯一の正しい解はないこと、自分にとって一番よい対処法を一緒に見つける、というスタンスも罠に陥ることを防ぎます。（野口）

3 「子どもの思いを大切にするSST」の実践事例

事例4 子どもと課題を共有する—オリジナルキャラで自分研究

【泣き虫ゴーストの研究をしたAさん】

１年生のAさんは、はじめてだらけの学校生活で泣いて固まることが多くありました。きちんとやりたいし、先生の言われたとおりにしたいけれど、何が起こるかわからない見通しのもてない生活のなかで、どうしていいかわからない。人が怒られているのを見るだけで「なんだか怖い」と教室に入れなくなることも。とうとう学校から足が遠のいていきます。Aさんにとっての唯一の表現方法が泣くことや固まることだったのかもしれません。不安傾向が強い子どもにとって変化の多い学校に馴染むことは、思った以上に大変なことです。

Aさんは４年生になってから、通級の時間に仲間とともに研究に取り組みました。学校生活に慣れ、泣いて固まってしまうことも減り、安心できる先生となら気持ちを話せるようになってきました。それでも、見通しがもてないことが心配になってしまったり、どう対応していいかわからなくなったりすることがあります。表面上は、おとなしいAさんなので、わかりにくいのですが、心の中では相変わらず泣いて固まるくらいフリーズしてしまうこともある様子です（図5－12）。

Aさんが研究したのは、「ふあんタイプの泣きむしゴースト」です。絵が得意なAさんは、自分でオリジナルのキャラクターを描きネーミングをして研究をスタートしました。通級指導の小集団の5、6人のグループの仲間と一緒に、①自分の困っていることをキャラクター化し（図5－13）、②ブレインストーミングで対処方法を仲間と出し合い、③対処カードを作成し、④発表会でみんなにシェアするという方法で取り組みました。

泣きむしゴーストへの対応カードは、「お守りを作る」「人生相談ノートを作る」「短時間ねる」（図5－14）「セラピードームに入る」などとてもユニークでした。不安がすぐになくなるわけではないけれど、話してもい

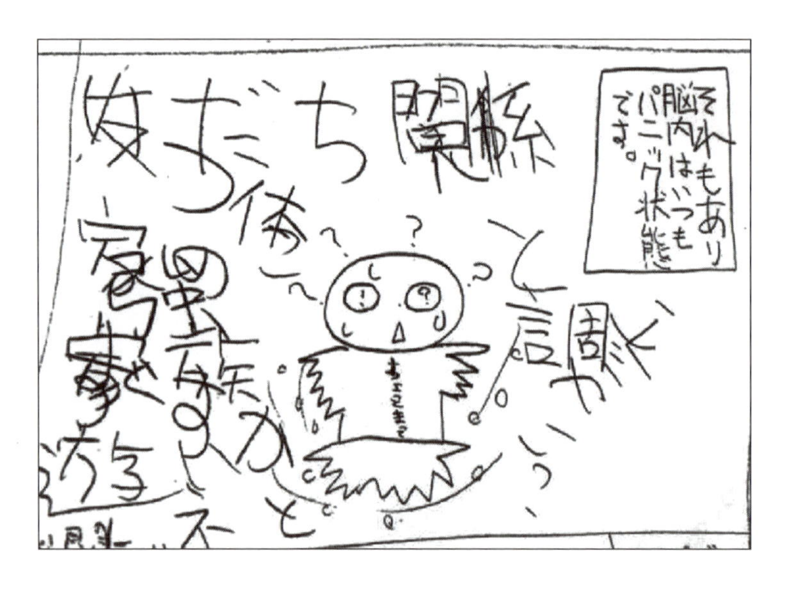

● 図5－12　Aさんの描いたフリーズしてしまう様子の絵

図5－13　Aさんの自分研究のキャラ

図5－14　Aさんの対応カードの例

いということや対処方法があるかもしれないこと、そして何より仲間と取り組むことで自分だけじゃないんだと感じられることが、とても大事な経験になったと感じます。

子どもたちのなかには、「苦手なことや困っていることは悪いこと」「人に頼ってはダメ」と思って助けを求めることができなかったり、ヘルプの出し方がわからなかったり、助けを求めてうまくいった成功体験がない子が多くいます。小学校の段階から、苦手なことや困っていることを安心して話せて、周囲の人にヘルプを求めてよかったという経験の蓄積が大切です。

Point

自分の困りごとがすぐに出る子ばかりではないので、SSTのゲームやテーマトークなどでたくさん活動してから取り組むとよいでしょう。たとえば、「なんでもバスケット」のルールで「○○が好きな人」「△△が苦手な人」など、自己理解や仲間との共通点を知る活動やテーマに合った話題を順番にするなど、さまざまな活動ができます。言語化の活動等についてはSSTの実践事例集（中村・森村・岡田・山下，2014）などを参考に取り組むことをおすすめします。

子どもからアイデアが出ないときは、まずは支援者が自分の困りごとを提示し、モデルを示すことも有効です。また、難しい場合は、本人に無理強いをするのではなく、多様なやり方を準備して本人に聴きながら試すのもいいでしょう。
（例：キャラクターにして話す。マイク、ぬいぐるみ等小道具を使う。運動しながら話す。工作をしながら話す。トーク系のアナログゲームを活用する。絵カードを使うなど）

ときには、この活動自体が合っていないと考え、関係性形成や他のSSTの活動に切り替えるという支援者のスタンスも大事です。一緒に学ぶ仲間や先生、教室の雰囲気が安心安全な場であると感じられるように、まずはさまざまな環境を整えていく必要を感じます。（森村）

解説

本事例では、子ども自身が自分の困りごとを明らかにし、言語化をするために、自己理解を標的スキルとしたSSTの活動を取り入れたり、教師がモデルを提示したりすることがポイントとして示されています。また、

「困りごとについて話しても大丈夫」と子ども自身が思えるために環境を整えていく大切さも示されています。

学校において「困りごとを言うのはよくない」という規範があったり、困りごとを口に出したときに否定された経験があったりしたら、子どもたちは当然自分の困りごとは言いません。もし子どもたちから困りごとが出てこなかったら、そもそもの学級文化、学校文化全体を「困りごとを言うことが当たり前」に変えていく必要があるかもしれません。このような前提をもつことは、SSTのニーズを子どもたちにヒアリングするうえでも大切です。子どもに標的スキルのニーズを聞く際（第１章第２節「4　標的スキルのニーズについて子どもに聞く」(p.23)）にも参考にしてください。(野口)

事例5 落ち着く場所づくり―イライラと不安タイプの２人の共同研究

【落ち着く場所の研究】

特別支援学級に在籍する高学年のCさんは感覚の過敏があり、イライラタイプで、怒ってトラブルになることが多く、指導を受ける日々に、責められていると感じて自信をなくしていました。不安が強く心配が大きくなってしまうDさんは、固まってしまったり、どう感情をコントロールしていいかわからなかったりしていました。

２人の共通点は物づくりが大好きなこと。学級の係活動では「得意を生かした会社づくり」をしていたこともあり、２人はそれぞれの好きを生かして「建築工作会社」を設立し、「落ち着く場所」を研究し、つくることにしました。

イライラや不安がどんなときに出るかについては、カレンダーに出たときを記録したり、出そうなときを予測したり、分析を続けていました。そのなかで、「音がうるさいとき」「新しいことがあるとき」「疲れが溜まっているとき」「プレッシャーがかかるとき」など、それぞれの分析結果が出揃いました。

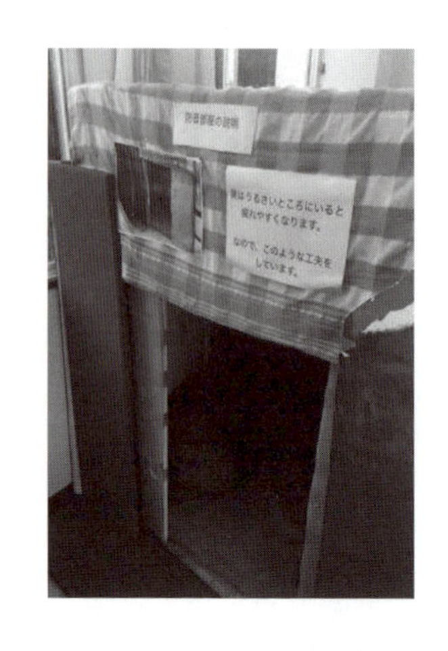

● 図5－15　**防音部屋**

落ち着く場所の建築は、場所は特別支援学級の教室の隅に許可を取りました。Cさんは、ゲームのなかで建物などを設計したり、ブロックで物を組み立てたりするのが大好き。Dさんは工作が大好きでいろいろなものを手づくりしているので、「落ち着く場所づくり」には意欲が高まります。

防音部屋（図5－15）やカームダウンルームなど、自分がどうしたら落ち着くかを考え、学校にある道具で実際につくってみることにしました。絵を描くことや言語化が得意でない子どもたちにとっては、つくるという作業を通じて自分研究していくことも工夫の1つです。

落ち着く場所は、校内の先生にも見てもらいました。先生たちからは「いいね」「先生も使いたいよ」と認められました。友だちにも実際に使用してもらい、「使いたい」「落ち着くね」と感想をもらいました。実際にイライラしたときに防音部屋に入り、クールダウンできたことでイライラが怒りの行動になることが減り、トラブルを未然に防ぐこともできた経験は、本人の自信になっていきます。

自分の困りごとのアイデアから物をつくり、他者に使用してもらい、共感やフィードバックを得て、人の役に立つという体験を繰り返すうちに、Cさんは、イライラはするけれど、大きなトラブルに発展することはなくなりました。Cさんは「人によって落ち着く方法は違う。自分を知ること、周りも自分も落ち着く方法を知ること、人の怒りスイッチを知ること、時間をおくことも大事です」と研究の最後のまとめで話していました。

Point

本人の好きなことを生かすことで、課題に取り組みやすくなります。まずは、本人の好きなことをアセスメントしたり、本人から話を聞いたりするといいでしょう。本人に努力を求めるだけでなく、落ち着く場所を一緒

につくるという環境側を変えるアプローチを知り、「よかった」と思える成功体験を積むことは重要です。（森村）

解説

Cさんと Dさんの事例では、本人たちの困りごとを踏まえた標的スキルが「感情のコントロール」でした。イライラの分析結果を踏まえて、CさんとDさんは、自分たちが得意なものづくりを通して対処をすることになりました。一般的なSSTにおいては、対処方法の選択肢の1つとして「クールダウンスペースに行く」ということが出てくることが多いですが、「自分に合ったクールダウンスペースをつくる」という選択肢はなかなか出てこないでしょう。子どもたち自身と対処方法の選択肢を検討すること、その選択肢のなかでも子どもたちが得意なことからやってみることは、対処方法は多様でよいこと、そのなかから自分のやりたい、やりやすい方法を選択してもよいこと、という子どもたちへのメッセージにもなります。（野口）

事例6 自分一人のための工夫がみんなの役に立つ

【絵を使って表現する】

通常の学級から特別支援学級に転校してきたEさん。幼少期から、人との違いを感じていたといいます。「お楽しみ会がお楽しめない会だった」「なんで自分だけ違うんだろうと思っていた」そうです。通常の学級にいたときは、家ではとてもおしゃべりだったようですが、学校では話さないという選択をしていました。そんなEさんも特別支援学級の少人数のなかで少しずつ、自分の表現方法で意思を伝えてくれるようになった頃に、自分研究をスタートさせました。

「集団に入るのがいや、でも集団に入らなきゃいけない。いったいどうする？」これが、Eさんの研究テーマでした（図5－16）。

通常の学級の集団にいたときの状況を絵で表現。Eさんの絵から、本人

● 図5－16　**困っていること**

● 図5－17　**気持ち絵カード**

の置かれていた状況を支援者側も理解することができました。好きな絵を描くことを生かして、言葉で伝えられない気持ちを絵カード（気持ち絵カード）にしました（図5－17）。気持ち絵カードをつくった理由を人に伝える発表をするときは、タブレット端末に音声入力を事前にしておく工夫をしました。また、保健室の先生から、保健室に来るお話が苦手な子とどうやってコミュニケーションをとればいいか困っているという悩みを聞き、Eさんは自分がつくった気持ち絵カードを保健室にプレゼントしました。自分のつくった絵カードを、保健室に来る同じ悩みをもつほかの子に使ってもらうことができました。自分の困っていたことから考えた解決策が、ほかの困っている人の役に立ち、感謝された経験は貴重なものでした。

【支援グッズをみんなのものに】

ほかにも、通級で使用した支援グッズを通常の学級で活用し、クラスの誰もが使える道具として活用した事例もあります。読み書きが苦手だったFさん。勉強が嫌だと学校に行きづらい日もありました。そんななか、通級の先生との個別指導の時間を楽しみにしていたそうです。通級では本人の強みから指導をスタートしていました。また、取り組む課題は、本人、保護者、担任、通級担当のみんなで相談して決めました。「速く読めるようになりたいな」が本人の願いでもありました。

そこで、通級でいろいろな支援グッズやICT機器の活用を試し、本人が選んだリーディングトラッカー（読みたい行だけを集中して読めるように両隣の行を隠す読書補助具）を教室でも使えるように練習しました。また、クラスで使用するときに、自分一人でやりたいときと、助けて欲しいときがわかるような「お助けカード」を本人が考えてデザインしました。

「お助けカード」はクラスの誰でも使えるように準備し、Fさんだけの特別なものからみんなのものに。リーディングトラッカーも、図書室でいつでも誰でも使えるようになり、貸し出しもしてくれます。

このように、支援グッズが通常の学級でもどんどん活用できるようになり、学び方の多様な選択肢が増えていくことが望ましいと感じます。自分の困っていたことがみんなの財産になっていくことや、自分だけではなく、みんなが使用できることで支援グッズに対するハードルが下がります。誰もが使える道具となることで、クラスがよりインクルーシブな場へ向かうのではないでしょうか。

Point

強みを生かす活動からスタートすることは有効です。とはいえ、強みや得意なことは初めからわかっていることばかりではありません。失敗体験を重ね、自信を失っている子どもたちは、「得意なんかない」「好きなんてない。全部嫌」と答えますし、困っていることについても「知らない」「ない」「わからない」と答える子も多くいます。苦手を隠したいと思う子もいるでしょう。

Eさんも初めから絵を描いて共有する子ではありませんでした。ある休み時間に、黒板にこっそり絵を描いている姿を見つけ「素敵だね」と声をかけると、「先生は嘘を言う。下手だから」と言われたこともあります。でも、その後も私の気持ちとして伝えたり、一緒に絵を描いて遊んだりするうちに、絵を描くことを楽しめるようになってきました。まずは、一緒に遊んだり、Iメッセージとして、気持ちを伝えたりすることからスタートしてみるのがいいかもしれません。（森村）

解説

Eさんの事例は、困りごとを絵で表現した事例です。学校においては、言葉で伝えることがよいとされやすいですが、このように子ども自身が伝えやすい表現方法で表現する機会をつくること、そもそも表現しやすい方法を模索することは、子どもを主体としたSSTを実践するうえでとても大切です。

SSTにおけるさまざまなスキルは、「口頭で伝えること」がよいとされやすいです。たとえば、援助を求めるスキルや、嫌なことを伝えるスキルなど。さまざまなスキルについて、口頭で伝えることのみでなく、文字を書いて伝える、絵を描いて伝える、絵や写真を選んで伝える、などの選択肢の幅を用意しておくこと、どの方法が自分に合っているのかが試せることを大切にしましょう。(野口)

事例7 タブレット端末の活用で広がる可能性

【アバターロボット、メタバースを活用する】

音やにおいなど、感覚の過敏さがあり、学校に通うことの大変さを抱えるGさん。幼少期から集団に入ることや家から出ることに困難さを抱えており、不登校の状況が長く続いていました。もともとタブレット端末を活用し、リモートで学校とオンラインでつながることには挑戦をしていましたが、顔を出すことも嫌だし、顔を映さない画面にすることは相手に悪いのでは？　などと心配する気持ちもあり、うまくいかないこともありました。

Gさんはゲームやアニメ、絵を描くことも好きで、タブレットでアバターをつくることにはまっていました。Gさんに、アバターロボット（一般財団法人ニューメディア開発協会）の話をすると「やってみたい！　面白そう」との返事があり、学校でどう活用できるか自分研究することにしました。まずは、アバターロボットで何がしたいかを本人に聞いてみました。

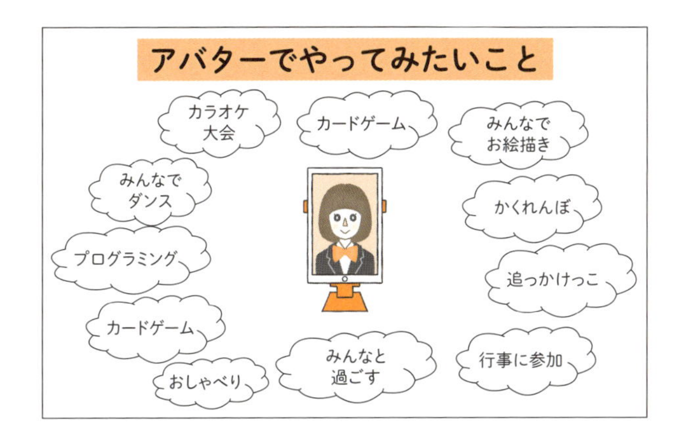

● 図5－18　アバターを使ってやってみたいこと

するとGさんがあげたのは「友だちと遊ぶこと」でした（図5－18）。

これは私が想像していなかったことです。教師である私は、Gさんのしたいことは、「何の授業に参加できるか」「行事に参加できるか」などではないかと考えていました。家から出ることができない時期が長かったGさんは、自宅で家族と遊ぶことはあるものの、友だちと遊ぶという経験は、したくてもできないことだったようです。

そこで、まずは本人の願いを１つずつ実行していくことにしました。「アバターで鬼ごっこ」「アバターでトランプ」「アバターでお絵描き」等、そのつど、周りの友だちもアバターで一緒に入るにはどうしたらいいかルールを考えたり、話し合ったりして工夫していきました。楽しい思いを重ね、アバターがいることが特別支援学級の当たり前の光景になっていきました。少しずつ、学校の授業や行事への参加意欲も高まり、チャレンジの幅が広がっていきました。その後、特別支援学級の授業から始め、さまざまな行事や交流などにも活用が広がっていきました。

この自分研究をしてみて、Gさんは「相手の目を見るのが怖いので、見なくても失礼じゃなくて安心。自分だけど、自分じゃないので、人がたくさんいても怖くない」と分析しました。展覧会にもアバターで参加しました。「展覧会は嫌いと思っていたけど楽しかった」ことがわかり、会場で静かにしなきゃ、作品を壊さないようにしなきゃといった雰囲気が苦手だとわかりました。運動会には、練習にはアバターで参加しながら、一部リアルで参加することもできました。相談しながら、トライしてみることで発見があります。ICTの活用で広がる世界があると感じます。

Point

- どんなに優れたICT機器などでも、本人がやってみたいと思えることが大切です。本人の願いを聞きながら、折り合いをつけて進めていくことをおすすめします。
- 日常のなかでの本人が選ぶ経験を意図的につくり、活動のなかで、自己選択、自己決定が大切にされる意識が広がる工夫が必要です。たとえば、通級の個別指導なら、学習の順番を決めるや選択肢のなかから選ぶ、遊びを決める等、小さな一歩からできる範囲のなかで取り組めるといいですね。（森村）

解説

ICTがない時代は、対人関係を築くためには対面で会うしかなかったのかもしれません。今はICTが当たり前にある時代です。Gさんのように、アバターを活用して対人関係を築くこともできるのです。そもそも教師や保護者など周りの大人が「対人関係は対面でしか築けない」という前提に立っていたら、Gさんに我慢を強いて学校に来させるようなアプローチを推進していたかもしれません。まずは周りの大人が、選択肢の幅を広くもつこと、そのうえで子どもたちの願いを聞きながら対処方法を一緒に決めていくことが大切です。（野口）

4 インクルーシブな学校づくりのために

❶理解を深めるために

子どもたちの成長を支えるには、学校の協力や特別支援への理解が不可欠です。環境側を変える社会モデルの考え方や工夫が大切です。個人の努力だけに頼らない、チームで助け合える学校経営のあり方や教員同士の連携が子どもたちを支えていく土台を試行錯誤しながら目指しています。

❷校内の研修会にて

「学校は多様な子どもがいることが前提となっていますか？」

講師のUNIVA理事の野口晃菜さんからの問いに、先生たちが頭を抱えています。

「ノートと鉛筆で書かせるのが当たり前と思っていたけど、それってどうなのだろう？」「でも、学校のルールがあるし」等、悩みはじめます。

野口さんから「学校が多数派を中心にデザインされているのではないか？」との問いに、もともとの構造そのものに目が向きます。

「でもどうしたらいいのだろう？」これが先生たちの本音です。インクルーシブな学校づくりを考えていくには、葛藤の連続です。そう簡単ではないこと、だからこそ、対話していくこと、そして「インクルーシブに向かうプロセス自体が大切」との言葉に勇気がわきます。

まずは、各クラスの「インクルーシブな工夫」について全校の先生で話し合います。通常の担任の先生、通級、専科、管理職の先生といろいろな立場の人や、ときに外部の方にも混じってもらい語りました。学校は多様な子どもたちがいることが前提となっているかをみんなで問い続けていくことが求められていると感じます。

本節のまとめ

「今までは、できない子をできるようにしないといけないと苦しかったが、今は一人ひとりの強みを生かしていこうと意識が変わっただけで、自分自身が楽になりました」「みんな同じにしたり、そろえたりすることを目標にしなくなりました」――校内の研修会に参加した通常の学級の先生からの感想です。校内の研修会を通じて、先生たちの意識の変化が生まれました。「もっと語り合う時間が必要」「先生同士も子どもとも」「最後は対話ですね」という意見も多く出ています。多忙な学校現場のなかで、いかにつながりを大切にし、対話の時間を確保していくか、学校現場の課題は大きいです。「誰の声も同じだけ価値がある」子どもの思いを大切にするSSTを目指すうえでも、つながりや余白の時間も必要だと感じています。チームで取り組むことを常に意識したいと思っています。（森村）

解説

本節では、教師が子どもに標的スキルを教えるという形のSSTではなく、子どもと一緒に困りごとと対処方法を研究するスタイルのSSTの実践事例が紹介されました。「教師が教える」前提だと、教師としても「正しいソーシャルスキルを教えなければならない」と思い込んでしまいます。一方で、一緒に困りごとを試行錯誤しながら解決していく、という自分研究のスタンスをもつことは、「マジョリティに合わせるためのSST」や「子どもを置き去りにしたSST」から脱却するうえで有効なのではないでしょうか。「正しい解」がないことに、教師は不安に思うかもしれません。だからこそ、本節にあるように、教師もチームでともに模索しながら推進していくことが大切です。（野口）

引用文献

・綾屋紗月・熊谷晋一郎（2008）発達障害当事者研究－ゆっくりていねいにつながりたい－．医学書院，4.
・木下康仁（2003）グラウンデッド・セオリー・アプローチの実践－質的研究への誘い－．弘文堂.
・新川広樹・清水理奈・粥川智恵・冨家直明（2020）高等支援学校における集団ソーシャルスキル・トレーニングの実践－学校コミュニティの文脈への適合を目指して－．ストレスマネジメント研究，16，11-22.
・新川広樹・冨家直明（2015）児童生徒の学年・学校段階に応じたソーシャルスキル尺度の開発－学校現場におけるコミュニケーション教育への活用に向けて－．北海道医療大学心理科学部研究紀要，11，1-25.
・新川広樹・冨家直明（2019）児童生徒の学年・学校段階に応じたソーシャルスキル尺度の標準化－COSMINに基づく信頼性・妥当性の検証－．カウンセリング研究，52，57-71.
・永浦拡・山口晃・冨永良喜（2014）学校教育で活用するための子どものストレス反応尺度作成の試み．ストレスマネジメント研究，10，63–74.
・中村俊秀・森村美和子・岡田克己・山下公司（2014）CD-ROM付き特別支援教育をサポートするソーシャルスキルトレーニング（SST）実践教材集．岡田智編，78，136．ナツメ社.
・服部隆志・大対香奈子（2014）子どもの対人関係を育てるSSTマニュアル－不登校・ひきこもりへの実践にもとづくトレーニング－．ミネルヴァ書房.
・本田真大・新川広樹（2023）児童青年版援助要請認知尺度，援助要請スキル尺度の開発－COSMINに基づくPROM開発研究及び内容的妥当性研究－．教育心理学研究，71（３），173-189.
・本田真大・新川広樹（2024）児童青年版援助要請認知尺度，援助要請スキル尺度の開発－COSMINに基づく信頼性，妥当性の検討－．教育心理学研究，72（２），73-86.
・森村美和子（2022）特別な支援が必要な子の「自分研究のススメ」－子どもの当事者研究－．熊谷晋一郎監，金子書房.

編著者紹介

野口晃菜　第1章、第4章1節・3節、第5章4節

一般社団法人 UNIVA 理事。埼玉県戸田市インクルーシブ教育戦略官。中央教育審議会 教育課程企画特別部会委員。博士（障害科学）。NHK E テレ番組「でこぼこポン！」など監修。主な著書は『教室のなかの多様性図鑑－ひとりひとりのちがいに出あう旅にでかけよう』（監修、2025 年、Gakken)、『学校全体で挑む「誰ひとり」取り残されない学校づくり－すべての子供のウェルビーイングを目指す』(共著、2024 年、明治図書出版)、『LD（ラーニングディファレンス）の子が見つけたこんな勉強法－「学び方」はひとつじゃない！』（共著、2023 年、合同出版）など。

半田　健　第3章、第4章4節、第5章3節

熊本大学大学院教育学研究科准教授。筑波大学大学院人間総合科学研究科障害科学専攻博士後期課程修了。博士（障害科学)、公認心理師、臨床心理士。日本 LD 学会研究奨励賞（2024 年）受賞。主な著書は『学校全体で取り組むポジティブ行動支援スタートガイド』(編著、2023 年、ジアース教育新社)、『高校ではじめるスクールワイド PBS －階層的な校内支援体制整備を目指して』(編著、2021 年、ジアース教育新社）など。

新川広樹　第2章、第4章2節、第5章1節・2節

弘前大学教育学部助教。北海道医療大学大学院心理科学研究科博士後期課程修了。博士（臨床心理学)、公認心理師、臨床心理士。日本ストレスマネジメント学会山中寛賞（2020 年)、日本カウンセリング学会奨励賞（2021 年）受賞。主な著書に『オンラインとオフラインで考える特別支援教育』(分担執筆、2021 年、明治図書出版)、『子どもと親のためのフレンドシップ・プログラム－人間関係が苦手な子の友達づくりのヒント 30』（共訳、2023 年、遠見書房）など。

著者紹介

須々田瑞穂　第5章1節

青森県公立中学校教諭。日本女子体育短期大学体育学部卒業。すべての生徒が心身ともに健康に過ごし、生涯にわたって運動やスポーツを楽しめるよう、日々教科教育に取り組んでいる。

粥川智恵　第5章2節

元・北海道立特別支援学校養護教諭。北海道大学大学院教育研究科博士前期課程修了。在職中、キャリア発達支援の視点に立ったカリキュラム・マネジメントや、ストレスチェックを活用したメンタルヘルスケアに取り組む。

市原洋平　第5章3節

宮崎県教育委員会指導主事（2025年3月時点）。高等学校地理歴史科の教員であり、平成30年度より勤務校にて高等学校における通級による指導を担当した。通級による指導での学びをより生かせる校内環境をつくるため、半田健氏（当時宮崎大学）と連携し、階層的な校内支援体制の構築に取り組んだ。

森村美和子　第5章4節

公立小学校特別支援学級担任、学校心理士。熊谷晋一郎氏（東京大学先端科学技術研究センター）の当事者研究を参考に、教育の場で子どもたちと「自分研究」として新たな実践に取り組む。平成30年度文部科学大臣優秀教職員表彰受賞。NHK Eテレ番組「u&i」監修。著書『特別な支援が必要な子たちの「自分研究」のススメ－子どもの「当事者研究」の実践』（2022年、金子書房）。

子ども主体ではじめよう！
学校全体で取り組む多層型SST
気になる子が複数いる学級・学校が変わる

2025年4月20日　発行

編著者……野口晃菜・半田 健・新川広樹

発行者……荘村明彦

発行所……中央法規出版株式会社
〒110-0016 東京都台東区台東3-29-1　中央法規ビル
TEL 03-6387-3196
https://www.chuohoki.co.jp/
印刷・製本……株式会社アルキャスト

装幀・本文デザイン……Isshiki

装幀・本文イラスト……成瀬 瞳

定価はカバーに表示してあります。
ISBN978-4-8243-0249-6

本書の内容に関するご質問については、下記URLから「お問い合わせフォーム」にご入力いただきますようお願いいたします。
https://www.chuohoki.co.jp/contact/

A249